Es mentira la muerte
Antología de poesía
del IV Festival de Los Confines 2020
en homenaje a Juan Manuel Roca

Editorial UNAH ALPASO Ediciones El Heraldo

Es mentira la muerte
Antología de poesía del IV Festival de Los Confines

© De los poemas, poetas invitados al IV Festival de Los Confines 2020
© De esta edición: Casasola Editores, Festival de Los Confines, Ediciones Malpaso, Editorial Universitaria UNAH.

—Primera Edición Casasola Editores 2020
X páginas, X pulgadas
ISBN
Edición, diseño y diagramación: Óscar Estrada
Selección: Néstor Ulloa, Salvador Madrid y Armando Maldonado
Revisión: Iveth Vega
Portada y contraportada: Knny Reyes
302 páginas, 6 x 9 pungadas
ISBN-13: 978-1-942369-49-3
ISBN-10: 1-942369-49-2

casasolaeditores.com
Estados Unidos, Casasola LLC, 2021

El libro de un festival

Esta antología de poesía que reúne a cuarenta y cinco poetas de dieciséis idiomas es una hermosa muestra de solidaridad de Casasola Editores que, en colaboración con la Editorial Universitaria de la Universidad Nacional Autónoma de Honduras, Ediciones Malpaso y Diario *El Heraldo*, promocionan la obra de estos valiosos creadores que fueron convocados al IV Festival de Los Confines 2020.

En 2020 el Festival de Los Confines sobrevive a la crisis de la pandemia causada por el COVID 19 y a dos tormentas devastadoras que han golpeado a Honduras. Si bien es cierto, nuestro país carece de políticas culturales y recursos por parte del Estado y siempre es un reto realizar el Festival, en las circunstancias actuales afirmamos, sin histrionismo alguno, que es prácticamente un sacrificio; aun así es el festival que más obra de autores ha publicado, innovando y reinventándose desde la necesidad, por ejemplo, nos asociamos con Ediciones Malpaso, Diario *El Heraldo*, Editorial Universitaria y Casasola Editores para publicar cuarenta y cinco cuadernos digitales de poesía de libre circulación en la plataforma virtual y en las redes de Diario *El Heraldo*, llegado a miles de personas en todo el mundo.

El Festival es famoso por la belleza de sus escenarios en las ciudades de Gracias, Copán Ruinas, Santa Rosa de Copán y Siguatepeque, por la calidad de sus invitados, por su fuerza de voluntariado cultural comunitario, respaldado por pequeños empresarios de las Cámaras de Turismo y alcaldías municipales de Gracias, Copán Ruinas, Santa Rosa de Copán, Siguatepeque y Lepaera, cuya sensibilidad social se concreta aportando sus espacios y servicios a los poetas y artistas invitados.

Este libro compila poéticas reveladoras para reafirmar lecturas o conocer nuevas expresiones que seguro nos causarán sorpresa y entusiasmo porque la poesía siempre está acompañándonos y su clarividencia nos ayudará a encontrar el camino más idóneo para reflexionar sobre nuestra situación y transformarnos.

Este libro en tiempo de distanciamiento o de lejanías, es un abrazo. La poesía otra vez nos nombra y nos salva.

Néstor Ulloa

Es mentira la muerte

Antología de poesía
del IV Festival de Los Confines 2020

en homenaje a Juan Manuel Roca

Ahmed Al-Mulla

Poeta de Arabia Saudita. Ha publicado diez libros de poesía, entre ellos: *Una sombra devastadora* (1995); *Luz y sesgada como olvido* (1997); *Una flecha susurra mi nombre* (2005); *Las chicas nos han escrito* (2013); *Los ejercicios de la bestia* (2010); *El aire es alto... bajo es el suelo* (2014); *Marcas distintivas* (2015); *Mis hermosos errores* (2016); *Eyak An Yamuta Qablak* (2018). Obtuvo el Gran Premio Poeta Mohammed Althbyti del Club Literario Taif, en 2015.

Es consejero de la Sociedad Saudita de Cultura y Arte; director del Festival de Cine Saudita (2008, 2015, 2016, 2017, 2019); director del Festival de Poesía en su país (2015, 2016, 2017); gerente ejecutivo y miembro de la junta directiva del Club Literario, en la provincia oriental de Dammam.

Los poemas que aparecen en esta edición fueron traducidos por Omar Pérez.

LO QUE ESTOY BUSCANDO

Se me perdió entre las manos muy pronto
y desperdicié la vida en su busca…
a veces lo describo con la forma de una llave,
a veces lo llamo por un nombre que no conoce,
y a veces imagino encontrarlo fácilmente
como encontrar mis espejuelos de leer
colgados en la punta de mi nariz,
a veces encuentro lo que otros han perdido
y lo pongo aparte,
asombrado por la ligereza de lo que buscan…
Siempre que mi deseo por él aumenta
crece su capacidad de resolver cualquier dificultad.
Mis manos aprendieron en lo oscuro
y exhumaron la luz como un arado profético,
hasta que fui capaz de ver con un dedo,
sin precisar abrir puertas o encender un fuego.
Hallé el objeto de mi deseo
el día que olvidé lo que estaba buscando
aquello que había perdido
a propósito.

TÚ FUISTE UN PEZ

El agua no creó el ahogamiento
y no contuvo el aire,
fuiste tú quien se olvidó de respirar,
tú ingrata víctima ahogada.
Tú renunciaste a tu ser,
renunciaste a tu ser en tanto pez,
renunciaste a tu ser en tanto pez en el océano,
renunciaste a tu ser en tanto pez en el océano misterioso,
te deslizaste al aire libre
con un jadeo.

¿Estabas satisfecho?
¿Aceptaste?
¿Te apegaste a los sin rango?
Te secaste
extrañaste el río,
es así como olvidas gradualmente
cómo tus pulmones tragan agua,
cómo su espacio te protegía
y ahora solo puedes soñar
con saltar desnudo
para incitar la lástima de las nubes.

Fuimos arrebatados del agua
la vida nos viró al revés
y nos golpeó con su puño en la espalda

de modo que perdimos para siempre el gusto del agua.
Para hacerte perfecto
tienes que evitar cualquier final
menos ahogarte;
para hacerte perfecto
regresa a lo fetal y no aguantes la respiración,
zambúllete
y recuerda ola tras ola
como el feto
cuando sufres de mareo en el mar.

La vida te cegó
y hubo un grito,
¿qué obtuviste a cambio del habla tumultuosa?
Te esperaban
hipocampos, medusas
estrellas de mar y algas,
delfines danzando y sirenas.

Refúgiate en tu sol
traicionaste al ahogamiento
y dejaste a los amigos nadando para siempre.

UNA ESTATUA ENTERRADA

Si hubiera sabido antes
lo que cargaba
me habría desembarazado de algunas de mis ilusiones
y el camino habría sido menos fatigoso,
pero no lo sabía
y día tras día empecé a darme cuenta de su peso,
pensé que era mi nombre, del cual estaba al tanto hacía tiempo
y cuyas variadas repeticiones me agobiaban
debilitando mi brazo.

Pero entonces advertí que era el Tiempo
acompañándome como una piedra rodando desde
la cima de mi vida
Luego noté que era el Lugar
y una metáfora llamada El Sepulcro
y he aquí que estaba atada a mi pierna, mis gritos
me halaban hacia el vacío.

Entre la hierba ondulante
manchada de conchas y corales
y refugio de cangrejos asustados,
los buzos hallarán mi estatua hundida
alzando el asombro de sus ojos
con un dedo
apuntando hacia la confusión.

TÓMATE TU TIEMPO (TAKE YOUR TIME)

Tómate algo de tiempo
y no te detengas,
deja que tu sombra se te adelante en tiempos pavorosos
y síguete a ti mismo camino a la nostalgia.

Tómate tu tiempo...no te derrumbes
tómate tu tiempo...desata la crin de tu caballo
tómate tu tiempo...deja que el barco te lleve ebriamente
y no saltes a ninguna costa de sobriedad.

Esconde las palabras apretujadas
haz chirriar los dientes al componerlas,
Tómate algo de tiempo
tu rabia es un tesoro así que no la gastes en lo indigno.
Si no fuera por la rabia no habrías andado descalzo
no habrías llegado hasta aquí,
la rabia te hizo maduro
y te moldeó
así que tómate tu tiempo.

Alejandra Solórzano

Nació en Guatemala en 1980. Es escritora, actriz y profesora de Filosofía en la Universidad Nacional de Costa Rica. Autora de los libros *Detener la historia* (2016) y *Todo esto sucederá siempre* (2017).

Su trabajo ha sido publicado en las antologías: *Voces de la poesía costarricense. El eco de la Memoria* (W.G. Editores 2018), *Al centro de la belleza* (Editorial Metáfora Guatemala, 2017), *35° Poesía de América Central y el Caribe* (Ediciones Yaugurú, Uruguay 2016), *Contra el rencor del invierto* (Fundación Metáfora, El Salvador 2015) y *Anuario de Poesía de San Diego California* (San Diego Entertainment Arts, 2017-2018). Su poesía aparece en diarios y revistas literarias de Centroamérica, Marruecos, España, Latinoamérica y el Caribe.

LAS AVES NO SE SUICIDAN

En otro mundo posible
la Muerte de las aves sobreviene con apariencia de gato.

Al filo de una rama.
La inanición, un desierto para soñar insectos, larvas y semillas.

Colisionar sobre el espejismo de una ventana indiferente.
Perturbadas por ventiscas,
desorden de alas disueltas a merced de la anunciación de invierno.
Cansadas de tiempo
escondidas en el interior de un tronco
hasta ser encontradas
por masas de hormigas y escarabajos.

Cual sea el destino
su Muerte
una figura agraciada con suavidad de otoño
espera para acompañar
la sombra cristalina de sus cuerpos
hacia una leve infinitud

Esto canta un pájaro a su Logia
seguro de la ciudad durmiente
mientras le escucho claro y distinto
apoyada en sigilo tras la ventana del cuarto

Oír el augurio de muerte de los pájaros
el sentido trino de su entidad secreta
de su canto existencial.

Enmudezco
Sin el deseo de haber hablado
[¿Qué apariencia tendrá mi muerte?]
Me pregunto
sin Logia
sin poseer un canto
justo antes de la madrugada.

PARA CURAR

Te desangrarás en odio
sin auxilio de nadie
expuestas al sol
tus manos desalojarán sus líneas al mundo
sin más indefensión que el presente.

Tu cuerpo
será embestido por el agua hasta que envenenada de dolor exilies
/tu corazón
sobre la marea más alta del desdén.
Bestias insomnes lamerán tus ojos
escudados por la noche hasta despojarlos de la sal.

Por algún tiempo aborrecerás al Sol sobre las cicatrices
de todo lo que te habita.
Sin testigos
tu corazón azotado una y otra vez contra la piedra amará cada
/muerte anterior.

Tu corazón
bufón viejo y sereno
sentado frente al incesante banquete de su carne de su miedo.

Después de algún tiempo
una noche descenderás desde las negras dunas del mar nocturno
/como si la voz de una madre
te convocara al sereno deber de curarte.

Dormirás sobre la escena en que fraguaron el crimen de tu ánimo
                              /despertarás una vez más
en la hora en que rompiste la envoltura del engaño.
Desde reino de tu silencio, observa
            el catafalco de su bondad.

Lejana a su urdimbre
escucharás la jerga
el cortejo de vacuidad
con que procuraron ensuciar tu sueño.
danza de migajas y roedores

Alumbrado por la obsidiana
la boca de tu corazón pulido por las mareas
arrojará una delicada bolsa de terciopelo negro.

Adentro
Espera.

**
Sobre un puñado de ceniza
frágil animal que baila en rito
Soy.

En una mano sostengo el corazón
con la otra
una vela negra
una vela roja
una vela blanca
Sanar este mal hermoso,

AMARILLO

del maíz de mi carne,
de mi tristeza
de mi memoria.

**
Una semilla con alas

frente a la irónica sonrisa de la llanura.
Sol, mar, o la suave curvatura de cera con que enlazaron las plumas
/para el breve

Ícaro.

¿Qué soy? pregunté
y el búmeran del Vacío golpeó mis manos.

La piedra diminuta y última al fondo del océano
que medita,
inmolada en soledad.
El tiempo más preciso de los tiempos
o tal vez
resolana sobre el cadáver que abandonó una estrella marina.
¿Noble máquina?

¿Qué soy? pregunté
y el búmeran del silencio atravesó mi garganta.

Entonces pensé
que quizá yo fuera el sueño de una fiera llamada Berkeley
mirando pasar la tarde con ociosidad y desprecio recostada
en la sobremesa que una anciana tejió para alegrar la visita
de los que no vuelven.

¿Qué soy?
¿El paladar, la manzana?
Brida, bestia,
negro jardín lleno de flores.
Finita sucesión sobre un cuerpo.
Jadeo del Tiempo que hace el milagro de la infinitud ¿Una falsa
/exactitud de sentido?

¿Qué soy?

¿Qué entonces?
—Nada, me responde el Vacío.

Nada.

Como si la Nada
fuese nada.

Alfonso Fajardo

Poeta de El Salvador. Miembro fundador del Taller Literario TALEGA, una de las más importantes agrupaciones de la década de los noventa y principios del nuevo siglo. Galardonado con más de una docena de premios nacionales, tiene el título de "Gran Maestre". Tiene los premios internacionales: LXV Premio Hispanoamericano de Poesía, Juegos Florales de la ciudad de Quetzaltenango, Guatemala, 2002; y Mención de Honor en el Premio Centroamericano de Literatura "Rogelio Sinán", 2005. Ha publicado: *Novísima antología* (Mazatli, 1999); *La Danza de los Días,* (Editorial Lis, 2001); *Los fusibles fosforescentes,* (Editorial Cultura, Ministerio de Cultura y Deportes de Guatemala, 2002; Dirección de Publicaciones e Impresos, 2013); *Negro,* (Laberinto Editorial, 2014); y *A cada quien su infierno,* (Índole Editores, 2016). Foto de Andrea Semplici.

ENTROPÍA

El tiempo todo lo destruye:
El asombro de la bofetada del amor eterno, primigenio
la efervescencia de los espejismos de la palabra
el sueño de ser árbol infinito
el verde de pastar en el paraíso

El hombre:
puente entre el polvo y el polvo
paréntesis de lo inexorable
bella mentira inventada por la sed
huella perfectamente prescindible
por sí misma borrada y aborrecida

El tiempo todo lo destruye:
la poesía que respira, el pozo del amor
la estrella del sueño
el motor de las utopías
y hasta el camino diario destruye

El tiempo y el hombre
sinónimos de muerte, espejos de la sombra

Al decir tiempo digo desastre
Al decir hombre digo rastrojo

Al decir esperanza digo tiempo
y el tiempo todo lo destruye

VIGILIA

> *Murió mi eternidad y estoy velándola*
> César Vallejo

Ha muerto el tiempo
me lo dijo el carcelero de la esperanza

Ha muerto el tiempo
y ahora todos lo velamos eternamente

¿Adónde lo sepultaremos, ahora que es hombre,
ahora que es espejo de nuestro horror?

¿Hay alguna tumba en la tierra donde quepa el tiempo,
/todo el tiempo?

Hemos de resignarnos a vivir junto a su cadáver,
inexorablemente nos resignaremos a vivir con sus despojos

Bajo la sombra de los días, entre las migajas del amor,
bajo los arcoíris de los pájaros artificiales,
en los orgasmos del dolor, en nuestras casas en naufragio,
camina el alma en pena del tiempo

Ha muerto el tiempo
me lo ha dicho el pastor de infinitos

Ha muerto el tiempo
y ahora todos lo velamos
eternamente

CARAVANA DE SOMBRAS

Si el hombre es polvo
esos que andan por el llano
son hombres
                Octavio Paz

Esos que marchan no son hombres, mujeres, niños o niñas.
Esos que marchan son sombras de hombres, mujeres, niños y niñas.
Sombras de lo olvidado.
Atrás han dejado sus cuerpos, sus famélicas vidas, sus hambres,
sus tierras.
Pero también han dejado atrás el oprobio, la bayoneta,
la inanición del silencio, el guante del sátrapa, la gran e inmensa nada.
Dejan atrás una cárcel de veinte mil kilómetros cuadrados.
Dejan atrás sus miedos
para lanzarse
al abismo de la duda

Esos que marchan ya no son hombres, mujeres, niños y niñas.
Esos que marchan son muertos,
pues perdieron sus vidas
en las honduras del hambre, del escarnio y del odio.

Fácil es para ellos cruzar fronteras
porque sabido es que las aduanas, los ríos, los muros y los alambres,
no son obstáculos para las sombras
y para los muertos.

Ellos nada tienen que arriesgar,
porque todo lo han perdido.

Esos que marchan por las fronteras son sombras de hombres,
sombras del hambre y de la podredumbre
y por eso son inmortales,
porque sabido es que las sombras, que los muertos,
no necesitan más alimento
que unas breves migajas de esperanza
cada mañana.

SUEÑO Y PESADILLA

> *…y siento que algo que fue un sueño se desvía*
> Pepe Mujica
>
> *Anoche,*
> *tuve una terrible pesadilla.*
> *En ella,*
> *mis compañeros de primaria,*
> *conformaban*
> *la nueva dictadura.*
> Alfonso Kijadurías

Ayer fue el frío metal de los adioses
que congregó el fuego purificador del oprobio
Después fueron decretos
firmados por la mano del nuevo crápula

La respiración de la esperanza
se transformó en la exhalación de la bestia

La mano que liberó la cadena
es la misma que enciende el volcán
cargado con el magma de la rabia,
cargado del escarnio acumulado en el tiempo,
cargado de una inflamable paciencia,
cargado, en fin, de esperanza.

Ahora que los colores se difuminan y las ideas se
/congelan en verdes telarañas,
debe volver el fuego
a purificarlo todo.
Nosotros, peste del planeta y del silencio,
dueños de mansiones sin espejos,
gusanos de la fruta de los tiempos,
nos merecemos
vivir y morir en el fuego.

Ser estiércol que patean los cerdos
nos merecemos
por mantener el grito enterrado en el pecho.

Condenados a ser la sombra de Heráclito,
frente a nuestros ojos vuelven a pasar
los ríos escarlata.

Condenados al silencio cómplice de los sátrapas,
se vuelve necesario,
como un arma escondida en la memoria,
desenterrar el grito extraviado
en las mieles del tiempo.

Berman Bans

Nació en Managua, Nicaragua, en 1976. Fraile capuchino, poeta, narrador, ensayista. Graduado en Filosofía y Humanidades por la Universidad Católica de Costa Rica. Ganador del Certamen para publicación de obras literarias 2011 del Centro Nicaragüense de Escritores en la categoría de poesía con el poemario *Bitácora de un Naufragio* (2011). Es autor del libro de cuentos *La Fuga* (2013) y del poemario *Huésped de tu sombra* (Casasola Editores, 2017). Parte de su obra narrativa ha sido incluida en la antología *Un espejo roto, nueva narrativa centroamericana*, y ha sido traducida al alemán. Cofundador y actual director de la revista electrónica de literatura *Álastor*, en la que publica ensayos y reseñas literarias. Foto de Bismarck Picado.

EFEMÉRIDES

a Janis Joplin

He oído tu nombre alabado por las ninfas,
por jóvenes agrios
que fuman marihuana en el cementerio.

He oído de tu alma
dada a la poesía,
pero no quise creer en esos cuentos
de fanáticas biografías,
ni de grises reportajes en periódicos viejos.

Y ahora vienes dando tumbos,
-justo hoy, conmemoración de tu féretro-
con tus modales lujuriosos
a perturbarme el sueño.

Me levanto a consultar tu nombre
en la esfera mágica de nuestros tiempos
y toda tu vida pasa ante mis ojos perplejos:
 tu desmadre,
        tu soledad
                tu rebeldía,
tu canto torturado como un prisionero indomable
en un pestilente alborozo.

Una noche como hoy
te moriste por sobredosis de heroína.

600 dólares en tu testamento.

Y los buitres de siempre
se encargaron de inventar tu mito.

Una niña con su perro;
una adolescente con su guitarra;
una niña danzando desaliñada,
inmersa en su tristeza como Blues íntimo.
¿Qué sé yo de tus fiestas paganas
o de tu muerte convertida en circo?

En la pantalla te veo cantar en Monterrey,
pero no puedo oírte, sirena asesina,
sin tarjeta de sonido.
Te veo agitar el cabello y realizar tu danza,
y apenas veo tus labios levemente torcidos.
Sí, que fácil hubiese sido amarte muchacha.
Yo, que descreo siempre de los ídolos.

ANAMNESIS

Cada mañana te enfrentas a tu eco
y ensayas tus siete sonrisas solitarias.
Instrumentos afinados, dulcemente agresivos,
tus dientes en hileras ligeramente indisciplinadas,
desde la severa tiniebla intentan sus ardides
una y otra vez y otra y otra
como el suicida que retorna derrotado en cada intento fallido,
más desolado que nunca ante la tarde
de la cual ya no puede despedirse.
El agua muerta del espejo te devuelve
balbuceando la saliva del deseo,
y la semilla perdida de tu canto regresa en tímidos siseos
                                          aún intraducibles,
pero el iris de tus ojos es una ciega telaraña
transitada por hormigas luminosas
ante la fuente que fundamenta el clandestino rumor
de nuestras voces transitorias.
¿Quién es el perro que nunca calla
con el maldicionario de espumas en la boca?
¿De quién es ese eco
que asciende impasible turbado apenas por fugaces ondas?
Tal vez nadie está soñando con el agua.
Tal vez nadie está mirando a solas.
El ojo de agua sigue en su templo líquido
contemplando tus fallidos gestos de calavera insólita.
Alguien desterró todos los espejos de los monasterios

para asesinar al yo en la tregua de las aguas,
al otro lado de nuestras palabras cenagosas.
Cada mañana te enfrentas a tu rostro, cada vez menos "yo"
y más el "otro"
la navaja desechable arando inofensiva el verdoso vello
para recordar la hierba seca que al atardecer
será cortada entre las sombras.
No te preguntes si has llegado tarde al sepelio del lenguaje.
No preguntes si tu nombre suena o no
a un terco vuelo de ciegas palomas.
Cada mañana oscura emprende alegres funerales
celebrando a mensajeros ahogados en oscuras ceremonias.

AUTORRETRATO MAR ADENTRO

Yo era un niño grande cuando conocí el océano.
Apareció desde la ventana abierta de un automóvil ruso
en brusco movimiento: su grisáceo lomo brillaba entre los árboles
con la pereza falsa de un ejército de escamas en súbito reposo.
Escúchalo retumbar contra las rocas
con sus lenguas de espuma salpicando salitre
sobre cuerpos de núbiles muchachas,
negros, rubios, rojos, sus cabellos,
gritando al feroz golpe de sus olas
renaciendo semidesnudas
ante la súbita pureza de mis ojos:
gozosas vírgenes descalzas
sitiadas por el violento mar de rugidos espumosos.

Yo era un hombre pequeño cuando me lancé al océano.
Me arrulló en su marea alucinada
transmutado en una inmensa mujer sin nombre
para luego arrojarme hacia la playa sucia
con la certidumbre de la muerte aullando al borde de la noche.
Yo era un hombre sin palabras cuando me acerqué al océano.
Tristeza sin fin para ciertas madres, alegría
                             /brutal para ciertos viejos,
y envidié los barcos que zarpaban hacia el golfo persa
tatuados en sus proas con nombres extranjeros.

Navíos que partían con su interior vociferante
$\qquad\qquad\qquad\qquad$ /de podridos bodegones
al ritmo de tormentas,
al compás del puro vértigo
hacia la otra orilla de los nombres, desierto líquido
del que no cesan de sentenciar su sensación las cosas
al otro lado del lenguaje que practicaron los primeros hombres.
Tímidas eyaculaciones de fosforescencias.
Yo era una palabra sin rostro, apenas un aleteo de hombre,
cuando buceaba en ese mar oscuro
que era un canto palpitante al ritmo de redobles.

Yo era nadie, casi nada,
apenas dos sílabas en la esperanza de dos bocas,
apenas el grito en potencia expulsado de la lluvia
hacia la desnudez del aire poblado de criaturas transitorias

CONTRADANZA

Invoco melodías de Morrisey a mi celda
y empiezo a danzar con mi sombra.
Un cáliz dorado, vacío de sangre, exiliado del vino,
recibe lluvias de pelusa mientras espera palabras consagratorias
que lo regresen a los sagrarios del aire con ese fulgor de fuego
que posee a los cuerpos en epitalamios egipcios.
¿Dónde encontrar las sílabas que incendien las calles
contra los golpes de tierra que asedian el féretro?
I wonder to myself.
Desconozco las palabras pronunciadas
para evocar el otro lado de las cosas.
Esa lengua de piratas que construye puentes
donde Albión era el nombre andrógino
de la blancura mutante de la diosa.
Suenan sintetizadores estetizantes.
Hay golpes de tierra esperando tu cuerpo.
Hay golpes de pala acosando tus tímpanos.
En medio de la celda con única ventana
el viento intruso me presta, armadura transparente, su vestido.
Este es el ritual de mis ancestros
para que el hombre despierte con la mirada del niño.
En este instante ya soy lo que no soy
lo que nunca seré y nunca he sido:
lengua en llamaradas,
cáliz colmado de sangre, danza feroz del gran espíritu.
La tierra era un mar de árboles:
una fiesta de signos trazados en las rocas.

Brane Mozetic

Es poeta, narrador, traductor, editor y activista de Eslovenia. Ha publicado 15 poemarios, 3 novelas, un libro de relatos y 6 libros ilustrados para niños. Se han publicado 50 traducciones de sus libros.

En español se han publicado sus poemarios *Mariposas* (Buenos Aires), *Poemas por los sueños muertos* (Málaga), *Banalidades* (Buenos Aires y Madrid), *Esbozos inacabados de una revolución* (Tenerife), *Obsesión* (San José), la colección de relatos *Pasión* (Madrid) y dos libros ilustrados para niños *El país de las bombas* (Barcelona) y *Mi primer amor* (Barcelona). Foto de Tihomir Pinter.

Soñé que habías muerto
la habitación, vacía, la camisa
la percha, y alrededor de mí cada vez
más espacio, más silencio

junto a la ventana abierta miré
afuera, a la oscuridad, durante horas
esperaba a que llamaras, tenía miedo
de dormirme, de cerrar los párpados

contaba los dedos, los botones, contaba los pasos
fijándome en la noche, susurrando con temblor
ahuyentando todas las imágenes contigo

soñé que los sueños habían muerto
que nos deslizábamos a la profundidad, solos
vacíos, y que tú nunca volverías.

(Traducción de Marjeta Drobnič)

me despierto. un chillido desgarrador de cerdo,
varias décadas lejano, me perfora los oídos y no se termina.
En el patio está el carnicero y el animal siente que lo arrastran
al degüello. Nunca me quedé mirando, o quizás la primera vez,
cuando todavía no sabía. Como aquella vez, cuando el abuelo
mató al conejo. En realidad, lo agarró de las patas traseras y
con toda la fuerza le estrelló la cabeza contra la pared. Recién
después utilizó el cuchillo. Recuerdo que despedía vapor cuando
le sacaba la piel. La cola era para mí, como una indulgencia que
nunca funcionó. De aquella carne no comí. Si bien ese hombre
menudo no parecía peligroso, trajo mucha muerte. ¿Y yo?
¿No fui siempre violento? ¿No maté quizás a un niño, no lo
aniquilé en su origen, o impedí tan sólo un ser sufriente más,
un infinito interrogarse más, un miedo más que no se acaba jamás?
Es primavera. La gata tuvo cría, animalitos menudos y afelpados.
Pero inteligentemente los escondió y los volvimos a ver cuando
ya eran grandes, cómo corrían alrededor de la casa. Entonces él
salió de caza. Agarró una bolsa de papa –en sueños me va
cubriendo la cabeza– y todo arañado los metía en ella, y al final
la ató con aire triunfal. Yo gritaba no, no, me enredaba entre
sus piernas, pero él me apartaba con firmeza. Hundió la bolsa
en un charco cercano y ya no sé qué pasó. Como si la sangre de
sus manos se hubiese pegado en mi cara. La veo en el espejo.
Estoy solo, acostado, me tapo los oídos, tengo los ojos cerrados,
pero los sonidos están acá, las imágenes están acá, la sangre está acá.

(Traducción de Pablo Fajdiga)

¿lo oyes, Dave? hay ruidos fuera. tal vez
un ladrón. O la explosión de una bomba. Venga,
despierta, Dave, tal vez haya estallado otra guerra
y tengamos que volver al sótano. Tú no sabes de eso.
Las horas, los días que pasaremos en la oscuridad.
O será sólo un incendio. O un vecino que se ha caído
de la cama. Todo es posible. Pero tú sigues durmiendo sin
decir nada. Despierta, Dave, para que no esté solo cuando
se termine el mundo. Tú, Dave, eres una masa de carne
que se ha acostado con todos. Nada te afecta. Ni siquiera
te enterarás cuando te mueras ni cuando tu carne empiece
a oler. Me desesperará tu hedor en el sótano, y tendré
que echarte fuera como cebo para los perros salvajes.
Y todos los bares nocturnos se liberarán de ti, Dave,
¿no dices nada? ¿Me oyes? ¿Me escuchas alguna vez?
Vuelven los ruidos. No creo que sea una guerra.
Tal vez así se derrumba nuestro mundo, a pedazos, en
medio de la noche, cuando la gente honrada duerme,
como tú, Dave, mientras yo escucho los ruidos
y tengo miedo.

(Traducción de Marjeta Drobnič)

los aviones eran mágicos. los reactores
trazaban largas líneas blancas en el cielo, y esos
aviones más pequeños nos traían mensajes.
Esparcían hojas pequeñas, rojas, amarillas, verdes,
que el viento se llevaba a través de los campos, hacia
el bosque, y corríamos persiguiéndolas para
recoger las que podíamos. Anunciaban fiestas
o visitas de circos, o eran mensajes
que yo no entendía bien. El ruido de los aviones
auguraba diversión, algo jubiloso. Y cuando
desaparecían, mirábamos hacia el sol a ver
dónde en el cielo se arremolinaban los misteriosos
mensajes. Cuando me llevaron a un festival aéreo,
me tapaba los oídos cada vez que rompían la barrera
del sonido. Todo lleno de aviones. De paracaidistas que
que llegaban volando del cielo con sus paracaídas como
mensajes con promesas. Eran livianos como nuestros
amores arremolinándose en el aire, produciendo
cosquillas placenteras en el estómago.
Más tarde, mucho más tarde, los amores cambiaron.
Quedaron atrancados en el estómago, sin moverse.
Aplastándome con su peso. Carcomiéndome. Volviéndose
hostiles. Como los aviones, que llegaron a ser
más pesados, más ruidosos, que traían amenaza.
Los anunciaban las sirenas, y ya no salíamos para
atrapar los panfletos de colores vivos, sino que nos
escondíamos bajo tierra para que sus mensajes
no nos alcanzaran. Tenía miedo de nuevos amores
y nuevos aviones. Ya no sabía nunca si podría
aterrizar con seguridad. O si, volando,
estallaría en el aire.

(Traducción de Marjeta Drobnič)

Claus Ankersen

Escritor de Dinamarca. Ha publicado más de quince libros y realizado múltiples traducciones. Publicaciones recientes incluyen *Traveloque River of Man* (Red River, 2020), el esotérico poema largo *Triumph of The Singing Heart* (Emeritus, 2019), una colección colaborativa de poesía inspirada en Pink Floyd, *Pink Pong* (Editurii Fractalia, 2019), la novela pintoresca *Pendæmonium* (Det Poetiske Bureau, 2018) y la colección de poesía *Grab Your Heart And Follow Me* (Paperwall / Poetrywala, 2018). Foto de Kim Wendt Farve.

Los poemas de esta edición fueron traducidos por David Guijosa Aeberhard.

CANCIÓN DE SÍSIFO

No soy nadie,
me siento detrás de ti en el teatro
    no soy nadie
voy a trabajar y vuelvo a casa y veo la tele.
        no soy nadie
Nacido para morir en un círculo de treinta kilómetros de ancho,
        no soy nadie
una cartera ambulante en un viaje organizado. Dos veces al año
          no soy nadie
consumiendo bienes y siguiendo los buenos consejos de las revistas
            no soy nadie
voy al colegio y me caso y procreo y me divorcio.
          no soy nadie
El elegido de Dios. En la tierra. El primer hombre.
       no soy nadie
Libre para jugar y libre para derrochar mi existencia,
     no soy nadie
clase media persiguiendo mi propia cola,
    no soy nadie
soy vos.

LOS POBRES

Tengo que ignorar
      al viejo de piernas delgadas como antebrazos
y a la niña pequeña vendiendo libros de textos usados,
esos ojos dóciles
      muy poca comida
      y demasiada contaminación,
tengo que ignorarles, se me rompe el corazón
      porque no puedo ayudar, salvarles
aún menos,
así que les doy la espalda
a los ciegos
      y sigo mi camino
hacía un oasis de paz,
me alimento de slowfood orgánico en una mesa blanca
      hecha con delicadeza de huesos humanos
y oigo a los pájaros
      saludar al ocaso.

EN LA NIEBLA

Refugiados en la niebla
como tantas olas huyendo
de los vikingos de sus patrias, berserkers
corriendo mientras el mundo gira
hasta quedarse sin ayeres y mañanas, dejando
todo por perdido y con solo una salida
abierta para escapar.
Van volando sobre alas de esperanza
para ver un nuevo amanecer brillar azul
sobre las nubes
y la lluvia de lágrimas
cayendo desde unos ojos demasiado jóvenes,
lágrimas saladas como la niebla
donde pusieron al pequeño niño ahogado
a descansar sabiendo que sin duda
su padre nunca disfrutará masticando
con esos dientes nuevos que deseaba,
que nunca volverá a desear nada,
nunca más, lo masticaron y lo escupieron.
refugiados en la niebla
judíos, gitanos, las tribus, los intocables, yazidies, adivasis,
todos errantes, todos una familia,
extranjeros unidos
respirando como uno solo,
quizá tú
un día, tú

comerciante, doctor, profesor, cocinero
caminando a zancadas
a través de un tsunami de devastación
lejos de la muerte súbita
del amor, la vida, la risa y con el ojo de Sauron
en el cielo, en algún lugar
orquestando, calculando, fiscalizando
mientras el globo gira sin control
y donde la única constante
es el depredador gigantesco,
la gran aspiradora llamada capitales salvajes
aspirando el mundo hacia una niebla
de maravillas perdidas y refugiados
que huyen
como tantas olas en una mar de lágrimas.

PINTOR

Pinto mi cara
en la pared con las señales
de un tiempo pasado

Rojo ocre es la sangre
ríos que corren
por las mejillas rojo cereza
de huérfanos y supervivientes enfermos

Amarillo sulfuro es el aire rancio
toda la contaminación dentro
y fuera, los océanos y los lagos muertos, plastificados

Blanco caolín me recuerda
la inocencia perdida, y las mañanas que pudimos disfrutar

Blanco caliza es la diferencia
Gris ceniza es el color del nuevo abrigo del planeta

Pinto mi cara con las señales
en la pared
mi cuerpo de diamante prismático
control mental
en repetición, hay medios de comunicación,
solo el sonido del agua
guisando a la rana

mientras sube el volumen,
ideas como cebollas se van pelando y revelando
por la dominatrix del cielo, tranquilizando
al planeta vacío:
Los ricos
también estaban nerviosos, con miedo,
poseídos por sus monstruos de dinero
Midasificados por sus tulpas verdedolar
sin poder moverse, prisioneros
en sus torres negras y doradas
oprimidos sin saberlo, excepto
por un puñado de ellos en lo más alto.

Pinto mi cara con las señales
del único humano que quedó en la tierra.

Diana Araujo Pereira

Nació en Río de Janeiro, Brasil, en 1972. Ha publicado cuatro poemarios: *V(i)entreadentro* (con Adolfo Montejo Navas, RJ, plaquette poética, 2006), *Otras Palabras/Outras Palavras* (RJ, 7Letras, 2008), *Horizontes Partidos* (New York, Artepoética Press, 2016) y *La piel de los caminos y otros poemas* (Bogotá, colección Doble Fondo, 2017). Incluida en las antologías *Cancionero Pluvial del Iguazú* (Lima, Casa del Poeta Peruano, 2012), *Multilingual Anthology* (New York, Artepoética Press, 2014). Ha organizado la Antología *A poesia cura a palavra* (Curitiba, Medusa, 2017). Es Profesora de Literatura en la Universidad Federal de Integración Latinoamericana (UNILA), en Foz do Iguaçu, Brasil. Se doctoró en Literaturas Hispánicas por la Universidad Federal de Río de Janeiro, en convenio con la Universidad de Sevilla. Traductora en versión para el portugués y el español de Antonio Cisneros, Juan Gelman, Omar Lara, Hildebrando Pérez Grande, Carlos Aguasaco y Mercedes Roffé, entre otros. Tiene artículos, cuentos y poemas publicados en revistas especializadas. Foto de Luisfo.

***

Escribo desde la orilla de un nombre que no es el mío. Con la pretensión y la soberbia de quien tiene ya puesto un nombre propio y suyo y se encuentra a gusto, y se ve en cada letra o sonido. Así de simple, no tengo uno mío, por eso escribo desde otro cualquiera, que incluso puedo cambiarme cuando me dé la gana, o según le apetezca a él, porque no se vayan a equivocar, los nombres son los que nos eligen a nosotros. Alguna vez pensé imponerme uno, y resultó todo un fracaso. Es inútil. Mejor acercarse a un nombre despacio, dedicarle una mueca sonriente, tocarle con mucho cuidado, porque si no luego se retrae o vuela, lo que da lo mismo.

Pero como decía, aun así, escribo. Escribo mis líneas saltadas sobre el vacío. Escribo con la parte que alcanza atrapar algún atisbo de verbo, o de sustantivo. Escribo mis cuentos de amor, mis sonetos de invierno, mis tertulias más trágicas. Y desde uno u otro nombre me defiendo mejor o peor, pero escribo.

Juego con las trampas que ellos me hacen cuando me despisto o me encojo de hombros. A veces me divierten, pero otras veces me enfado. Es que deambular entre las sílabas causa mareos indelebles. Mayormente sufro abocada a una letra, y estremezco cuando la puedo tener entre mis manos. Porque no se olviden que las manos sí son mías, aunque de nada me sirven si no puedo escribir, si los nombres me fallan.

***

Encajarse ¿a qué luces, a qué tiempos, a qué márgenes? Salirse de la línea recta, de lo obvio, conjura rumores, pero exalta fantasmas. Abrirse paso en una hierba nunca antes pisada es amanecer del otro lado del río, solo y hambriento.

De los felices hogares nos llegan lejanas luces y calores sobrentendidos. Caminar entre los párpados de los días, evocar la mañana huidiza. A contrapelo la justicia sonríe, pero ¿cómo es posible que sonría?

Sobre el alambre nos balanceamos entre la hierba y la gente. Entre la publicidad y la ausencia.

La tristeza de verte despojado de tu misma presencia, transparencia de cristal que se rompe en cada esquina. ¿Hasta dónde llegará la faz traviesa, la vergüenza y el miedo?

¿Por qué no se puede existir desde la desnudez añorada? ¿Dónde se ha ido el amor y la claridad entre los dedos de una misma mano?

La tierra bajo los pies son los nombres logrados.

I

Ser, de repente, la extraña que me abre la puerta,
      que mira en torno suyo y se da cuenta del miedo.
Hay un ruido perpetuo que se esconde bajo los muebles,
      que se arrastra por la sala y me ronda el sueño.
Hay un meandro secreto para el cual la cura es la dosis cierta,
      pesada y medida,
           del mismo miedo.
Pequeñas gotas en agua cristalina de sol,
      tomadas lentamente frente al espejo.
Varias, muchas dosis diarias
      (o también nocturnas, si te conviene)
      del desorden interno,
      de la solución de miedo.
Sorberlas lentamente,
absorberlas absolviéndose de la cárcel privada,
      de las rejas del miedo.
Días, semanas, años... de solución acuática,
      de las gotas de sal y agua,
      de los remolinos formados a cada mañana.
Tal vez décadas sean entonces suficientes
      para punir lo de fuera y
      perdonar lo de dentro,
para juntar las partes solitarias de la esfera del miedo.

IV

Hay un dolor ancestral que me ata a la tierra.
Y un frío polar que me asombra los huesos.
En la niebla me veo
      (tu cara entre las manos
        silencio guardado como tesoro secreto).
Los pies no se me hunden,
simplemente caminan acompañando el compás.

Furia de mares a contrapelo del viento.
Furia de dientes a mordiscar la manzana.
Temporal de naves
brebaje de náufragos.

De nuevo el recorrido y la coartada.
De nuevo la rueda
y los esfuerzos vacíos.
Conozco los barcos que huyen al mar -
          carabelas enarboladas en la noche.
Me asomo entre las paredes y los claros,
y sólo lo que puedo es la tristeza al lado.

Comer por los bordes para llegar a los márgenes
para encontrar el nudo
y desatar las naves.
Sombras y llanuras largas.
Hay tiempo para el tiempo

atado a los árboles.

Hay puentes hacia los viejos mundos

y las viejas casas.

Textos, traducciones, mapas, voces.

     (Irrisorios, descosidos)

Nos falta poco, es cierto,

nos queda el mundo encubierto.

Edda Armas

Nació en Caracas, Venezuela en 1955. Es poeta y psicóloga social egresada de la Universidad Central de Venezuela. Dirige la Colección de poesía venezolana Dcir ediciones.

Obra publicada reciente: *Fruta hendida* (Madrid), *Manos* (Bogotá), *A la hora del grillo* (Quito), *Alas de navío* (México). En 2019, editó en Madrid la antología *Nubes. Poesía hispanoamericana* (Pre-Textos) con 291 autores. Premio Municipal de Poesía «Alcaldía de Caracas 1995» por Sable; Premio «XIV Bienal de Poesía J.A. Ramos Sucre 2002» por *En bicicleta*, y «Orden Alejo Zuloaga Universidad de Carabobo» por su obra literaria y aporte al país como gestora cultural. Figura en antologías de España, Italia, Francia, Colombia, Perú y Ecuador. Ha participado en festivales poéticos en Europa, América y El Caribe.

ESQUELETOS

> *Se iba quedando callada*
> *hasta que la sombra espesa*
> *se hizo cuerpo tuyo*
> Vicente Aleixandre

Quizás ningún momento se repita.
El presente es lo único que tengo, dice la canción.
La fugacidad de lo irrepetible es otra marejada.
La línea que nos separa del cielo nos hace tangibles,
ocupados como estamos de calibrar los pasos
trasiegos, acertamos o erramos, desarropados.
La noche huele a un olor distinto. Las dudas flotan.
Salobres lamemos el cuerpo de ese otro que llega.
Punta de luz que sobrevive por encima de olvidos:
esqueletos ¡levantaos! para hacer por ellos el mañana.

SIN AVISO

No nos avisaron ni nadie lo predijo.

Nadie replicó la danza del vientre
en esta plaza
ni amarró los coyotes a los árboles

la jauría llega porque hay una casa
donde siempre se les espera

fogata de los huesos
donde se cuece el barro antepasado
dignidad del que todo lo preserva

y no dejes tú de andar por esas ramas
aunque en vasija te conviertas

y que suene
la que contigo has llevado
en tus andanzas

corno emplumado que se ofrenda
con avidez de fiera
que cela la cría

viento y veneno
que de tu vida penden.

CUENCO SAGRADO

La madre hace con el arca de sus manos
un cuenco a lo sagrado
amasa agrias o dulces palabras
haciendo alto o bajo el barro bruñido
para el que lleva en el vientre
y para el que cría

ardiente brasa del destello y la mordida
donde también
la carne del ciervo
transforma en manjar compartido

la tribu no sabe del inquisitivo mirar
del dardo previamente envenenado
del nómada que arma la casa
con el tapiz en el que duerme
y el hijo siembra

piedra tras piedra, piedra
incandescente, orilla
en el resguardo del afecto

El manto del cielo nos hace familia

VOLVÍAN LAS LLUVIAS

Las claves no se entienden de un día para otro
vienen poco a poco
y causan el asombro necesario

la ausencia tomó un cofre y dentro se metió
vuelven las lluvias a desgranar el humor
que me persigue
la paciencia de atar las coberturas especiales
los cuadernos de apuntes
los trazos del mal querer

incluyes en tus ruegos
el regreso del ser que te alimenta

el gato brinca entre tus piernas
los lunares que acostumbras
una espalda
una ceja
una forma de trastocar los umbrales
costumbres ¿dices?
no lo creo

desnudo a los ojos que descubren su presencia
imitan sus siempre reiterados olvidos
y aún así
volverán con brújulas que el corazón conquista.

Ellen M. Taylor

Escritora norteamericana. Es profesora de inglés en la Universidad de Maine, en Augusta, donde enseña Poesía, Literatura y Estudios de género. Sus publicaciones de poesía incluyen un chapbook, *Humming to Snails* y dos colecciones, *Floating* y *Compass Rose*. Su trabajo se ha publicado en revistas literarias de los Estados Unidos, incluidas *North American Review*, *New England Review*, *Café Review* y *Off the Coast*, entre otras. Preside el Festival anual de poesía Plunkett Maine en Maine y organiza un retiro de escritura para poetas y compositores en Star Island, frente a la costa de New Hampshire.

La beca actual de la profesora Taylor se centra en la escritura ecofeminista de Celia Thaxter, una poeta del siglo XVIII que era hija de un farero y presentadora de un salón literario extraordinario. Taylor fue becaria Fulbright en Ljublana, Eslovenia en 2015, y ganadora del Distinguished Research Award de la Universidad de Maine.

MEMORIA MUSCULAR

Si los músculos recuerdan
cada envoltura y lanzamiento, cómo
deben llorar la pérdida del amor,
y tiempo dedicado a amar.

Que viuda no llora
las caderas de su marido para abrazar
Lo que el ex ecuestre olvida
el pulso del trote debajo de ella
Qué marinero jubilado no anhela
por el oleaje del mar, su oleaje
de surf y marea?

¿La memoria muscular también tiene un lugar
por anticipación? ¿Por miedo?
¿O es como su hermana, Cognición,
que una vez ella cambia de opinión
ya no puedo recordar
su posición original?

Como el amputado que aún siente
el impulso de sus piernas fantasmas
este recuerdo es mucho más honesto
que el intelecto, más leal
a nuestros cuerpos de lo que es nuestro cerebro
a nuestras mentes volubles.

(Traducción de Karen Romero Ayala)

TRANSITORIEDAD

Aquí, en este patio humilde,
hay piedras suficientes para contenernos.
Ellas encierran más de lo que nunca sabremos
sobre épocas y evoluciones,
quizás mundos enteros perdidos
en las finas líneas de un mapa geológico.
Amor,
¿Quién descubrirá nuestros fortuitos?
¿Cómo desgradarán esto huesos?
¿Quién examinará nuestras cucharas dobladas?
esta mandíbula, las tazas de té
de porcelana de tu madre, esta silla deformada?
La luna está brillante esta noche,
las nubes se bañan en su vientre de luz.
Las estrellas pequeñas
son sus primas caprichosas,
dispersas pero cercanas.
Su luz, enviada hace siglos,
acaba de llegar para nosotros.
Las piedras están encendidas.
Simplemente con los restos de nuestra felicidad,
alimentamos a las rocas.

(Traducción de Dinora Sanguinetti)

DE NUEVO, LAS MUJERES CUENTAN SUS HISTORIAS

Otra vez, en las calles de Managua
León, Jinotepe, Masaya, mujeres están contando
sus historias. Mujeres que sus madres les han dicho
sus historias, cómo la Guardia Nacional capturaba
a sus hijos, esposos o hermanos. Cómo Somoza
los enjauló a la par del palacio presidencial, a la par
de sus leones, sus panteras. Descarga eléctrica en sus genitales,
piernas, brazos, dedos arrancados, todo por la Patria. Amor
por este País de Volcanes ronroneantes, lagos como mares,
árboles cargados de mangos, tierra de piñas, café, Poesía.
De nuevo en las calles las mujeres acarrean, ollas y sartenes
sonando como campanas de iglesia - no para ningún Dios pero
para cualquiera que escuche sus gritos, llevando
 pancartas con nombres de niños asesinados, acribillado por
balas de la policía, cargando niños enfermos en sus caderas,
llevando esperanzas, llevando arroz, llevando furia.
#GritoporNicaragua. Hashtags hablan un nuevo idioma,
mientras ancianas se juntan en las puertas oscuras
palmeando tortillas, atizando el fuego.

(Traducción de Angélica Mercado)

EL PECADO DE LA CURIOSIDAD

Para Sor Juana de la Cruz

Hermana, te entregaste para ser novia
de Cristo, pensando que la Iglesia te permitiría
libros, ciencia, música, orilla para tu alta marea
de ideas. Dentro del convento cultivaste
palabras, números, octavas y teorías
luminosas como la Estrella Polar en el mar—
tan vastas fueron las aguas de tu intelecto—
Pero los eruditos varones orgullosos no estaban de acuerdo
en que estas actividades fueran aptas
para una mente femenina.
Para expiar tus graves *pecados de curiosidad*
pusieron fin al arte, que reemplazaron con piedad.
Querida Sor Juana, qué alto precio pagaste
por la mente tan curiosa que sacrificaste.

(Traducción de Janet Gold)

Emilio Coco

Nacido en San Marco in Lamis (Foggia, Italia, 1940), es hispanista, traductor y editor. Entre sus trabajos más recientes destacan: *Antologia della poesia basca* (1994), tres volúmenes de *Teatro spagnolo contemporaneo* (1998-2004), *El fuego y las brasas. Poesía italiana contemporánea* (2001), *Los poetas vengan a los niños* (2002), *Poeti spagnoli contemporanei* (2008), *Jardines secretos* (2008), *La parola antica. Nove poeti indigeni messicani* (2010), *Dalla parola antica alla parola nuova. Ventidue poeti messicani d'oggi* (2012), *Trentaquattro poeti catalani per il XXI secolo* (2014), *Con il fuoco del sangue* (Trentadue poeti colombiani) (2015), *Vuela alta palabra* (tres tomos, 2015), *Il fiore della poesia latinoamericana* (tres tomos, 2016), *Una goccia di luce inafferrabile. Antologia della poesia cubana* (en colaboración con Waldo Leyva, 2017), *La poesía italiana del siglo XX* (2017), *Le grandi voci della poesia ecuatoriana* (2018), *Antologia della poesia honduregna* (2019), *Il paese degli specchi. Antologia della poesia boliviana d'oggi* (2019) y *Antología de la poesía costaricana* (2020) además de algunas muestras de poesía argentina, nicaragüense y de la República Dominicana. Ha traducido, entre otras, la obra de Jaime Siles, Luis García Montero, María Victoria Atencia, Juana Castro, Luis Alberto de Cuenca, Juan Manuel Roca, Marco Antonio Campos, Hugo Gutiérrez Vega, Ramón López

Velarde, Víctor Rodríguez Núñez, Leopoldo Castilla, Jaime Sabines, Alí Chumacero y Santa Teresa de Ávila. Como poeta ha publicado: *Profanazioni* (1990), *Le parole di sempre* (1994), *La memoria del vuelo* (2002), *Fingere la vita* (2004), *Contra desilusiones y tormentas* (2007), *Il tardo amore* (2008, traducido al español, al gallego y al portugués, Premio Caput Gauri, 2008), *Il dono della notte* (2009, Premio Alessandro Ricci-Città di Garessio, Premio Città di Adelfia, Premio Metauro, Premio della Giuria «Alda Merini»), *El don de la noche y otros poemas* (2011), *Ascoltami Signore* (2012, traducido al español con el título *Escúchame Señor*), *Las sílabas sonoras* (2013), *Mi chiamo Emilio Coco* (2014), *Es amor* (2014), *Las palabras que me escriben* (2015), *Vuelva pronto el verano* (2017) y algunas plaquettes. Está traducido a una docena de lenguas. En 2003 el rey de España Juan Carlos I le otorgó la encomienda con placa de la orden civil de Alfonso X el Sabio. En 2014 fue «Poeta Homenajeado» en el Festival «Letras en la Mar» de Puerto Vallarta. En 2015 recibió el premio "Catullo" por su labor de difusión de la poesía italiana al extranjero. En 2016 le fue otorgado el premio "Ramón López Velarde".

ÉRAMOS TRES PEQUEÑOS HERMANOS

Era el mayor Michele sollozaba
extendido en la cama y con las manos
apretaba y tiraba de la colcha
hundiendo la cabeza en la almohada
Donato estaba en el balcón de espaldas
y rezaba con la cabeza gacha
a escondidas secándose las lágrimas
con el pañuelo azul de motas rojas
tendido sobre el suelo arrojé fuera
algunas moneditas del bolsillo
con la efigie del rey me divertía
sentirlas rebotar en la pared
Donato se volvía y censuraba
con ojos de reproche comprendí
que no era aquel momento para juegos
y bajé adonde se había reunido
la legión de vecinos y parientes
me pidieron sentarme junto al lecho
donde del todo rígido dormías
guantes grises, grandes zapatos negros
con el blanco pañuelo estabas cómico
aquel que del cabello te llegaba
a tenerte el mentón y aún recuerdo
que a mí también mamá me rodeó
con algo semejante la cabeza
porque una vez me dieron las paperas
papá lejano yo no te añoraba
tenía que llevarte la comida

al caer de la tarde hasta el taller
de la carpintería me regañabas
si cogía herramientas por probar
mi aptitud para clavar las tablas
o manejar la sierra y el escoplo
y yo debía interrumpir mis juegos
y dejarme del aro y la peonza
de arriesgadas carreras por las calles
de gradas escarpadas que abocaban
a la céntrica calle Matteotti
las heridas curadas con vinagre
y aceite aquellos días de atracón
sopa de pasta un montón de albóndigas
macarrones bogando por un mar
de salsa densa y rica de perfumes
pero llegó el día de la salida
totalmente de negro me vistieron
negro el cabello lacio con la raya
negros los ojos de desamparado
me acompañó Michele hasta la clase
para esa ocasión hice un poema
y aún me acuerdo de sus primeros versos
Tres hermanos pequeños eso éramos
y ahora sólo tres pequeños huérfanos
se emocionó al leerlo la maestra
no tenía ya padre ni mamá
qué importa me sentía *enfant prodige*

(Traducción de Carlos Clementson)

LAS ÚNICAS PALABRAS

Quisiera escribir versos muy audaces
que me diesen un aire de moderno.
Pero parecerían algo falsos
e impropios de la edad que ya tenemos.

Los poemas eróticos exigen
que haya dos cuerpos jóvenes y bellos.
No es éste nuestro caso. La piel cede,
y existen además otros problemas.

¿Tú qué crees? ¿Me aventuro a usar palabras
como túrgido, erecto, penetrar?
¿No se van a reír mis enemigos?

Lo dejaré correr. Esto es lo único
que te puedo decir: ¡Cómo me gustan
tus ojos verdes y tu linda cara!

(Traducción de Carlos Pujol)

No le damos espacio. Nos cerramos
alrededor del lecho. Somos cinco:
María, Grazia, Lucia, Angelo y yo.
Con los ojos abiertos resistamos
hasta el alba, y aún más si es necesario,
y otro día, y aún otro, y otra noche
y formemos un dique, una barrera
para obstruirle el paso, vigilemos.
Es un bicho invisible a simple vista
y sin embargo pica como víbora.
Si encuentra una rendija, una fisura,
una mínima grieta, una quebraja,
se lanza como halcón, y no perdona.
Hagamos, pues, un muro con los cuerpos,
un altísimo muro inexpugnable
de prisión o castillo medieval.

(Traducción del autor)

Vuelva pronto el verano
con la fiesta en los ojos si te unto
crema sobre la espalda
y te bajo tu traje
hasta la seña blanca de las nalgas
vigilando que el cursor del cierre
no se enganche en los bordes de la tela.

Vuelva pronto porque haciendo correr
apenas la cortina de la ducha
aparezcas goteando
y con salto de danza te levantes
desde la punta de los pies y tomes
la bata colgada demasiado alto
y yo pueda un solo instante mirarte
en la tranquilidad de tu sonrisa
mientras la restriegas contra el cuerpo.

Que no termine nunca y no me canse
de verte en el espejo
cuando con las pinzas luchas por sacar
aquel pelo en la aréola que afea el seno
renuncias y me encargo
del delicado deber a la espera
de haber ganado un ¡oh¡ de aprobación
y te abrazo y tu boca me renueva
sensaciones y sabores de otros tiempos.

Pase pronto el invierno con su carga
de cobijas y pijamas con botones
de bodis y de pantis donde topa
mi mano impaciente de caricias
y si en el lecho explora tu barriga
envuelta en la faja abdominal
me la alejas con un tierno reproche
está muy fría amor ahora durmamos.

Haz, oh Señor, que sea siempre verano.

(Traducción de Marco Antonio Campos)

Fabio Castillo

Poeta, cuentista, promotor y gestor cultural. Ha publicado los poemarios *La monarquía de los perros* y *El mar y los días de invierno*. Su obra aparece en las siguientes antologías: *Sociedad anónima, Chamote, voces de América Latina, Tratado de poesía Mesoamericana Honduras \ México* y *Legión barahúnda»*. Primera antología del movimiento literario Lienzo Breve.

Miembro co-fundador del movimiento literario "Lienzo breve" de Comayagua. Ha sido publicado en revistas de México, EEUU, España e Italia.

EL NACIMIENTO DEL AGUA

Le han crecido alas a mis manos
y de nuevo el aliento de un blues
se derrama sobre mi pecho.
Maldita manía la de cargar la tristeza
en los mismos tres acordes,
las partituras en la piel,
la melodía de tu pelo en mis piernas
la risa y el llanto en la espalda
las noches de noviembre en el borde mis manos
y los días de lluvia que aún inundan mi boca.

Esta habitación nos conoce de memoria
y vos, tan recurrente en mis miedos,
te posás en la ventana
con la mirada de todos los siglos
en ese, tu rostro dibujado sobre el agua.
Tu voz se filtra como una caricia muda,
como el aliento de un niño ciego
como un gemido tardío.
Ahora comprendo
por qué de vos nacen todos los ríos
si al final, es el mismo cauce
que me golpea el rostro
en cada madrugada,
cuando los búhos
traen tu risa a la mitad de la niebla
y los peces se suicidan fuera de tu vientre.

CÓMO ENTIENDE UN NIÑO LA GUERRA

Para un niño la guerra puede ser otra escena de «La vida es bella»
donde los tanques son escarabajos amaestrados
que sonrientes, parten la plaza en dos y se dirigen al sur
siguiendo la ruta de la sangre.

O tal vez puede ser un desfile inconcluso de pijamas a rayas en un día gris,
que se convirtió en una conversación a través de un alambre de púas.

Un niño entiende la guerra a través de sus manos,
Como mensajeras del miedo
que nos dice en clave morse que el amor sigue siendo pequeño
y, por lo tanto, fácil de ocultar.
Un niño entiende la guerra
a través de su risa vencida por el miedo a crecer.
Entiende que los hombres se disfrazan de pólvora
cuando sus lágrimas se convierten en proyectiles.
Que sus banderas son retazos de un viento olvidado
en el día de todos los muertos y todas las culpas.
Sabe que los amigos del barrio son fusiles en serie
con la frente tatuada
y una postal de Etiopía prendida en el pecho.
Sabe que sus historias breves se esconden
bajo los años y el polvo de sus uñas
donde los más grandes pueden descifrar su edad
como a un viejo Baobab en algún rincón de Madagascar.
Sabe que la guerra puede ser un simple recuento de daños,

O Inti Illimani cantándole una canción de cuna,

una foto en blanco y negro de lo que nunca entendieron,
un documental de NatGeo, a media noche y que nadie sintoniza
un día de escuela en la mitad del desierto
un viaje al zoológico para ver a los generales
una historia moribunda frente a una fogata
o un poema como un fallido tratado de paz.

Un niño entiende la guerra como la tarea del día
donde le obligaron a danzar en invierno
pero nadie le habló del frío.

EN UN DÍA DE LLUVIA

Me asomo a la ventana.
Veo agujas rotas que caen como espadas
y hieren el vidrio de la tarde.
La niebla huele a cansancio,
la tierra se esconde como caracol,
el agua se desliza en el vientre del aire.

La soledad se duplica
para acompañar a la lluvia
y mi cama es un puerto desolado
donde tu recuerdo encalla
en cada tormenta,
en cada grito.
Llueve, y me inundo de
miedo.
Llueve y veo a los
perros cantar tu nombre.
Llueve,
y te hacés agua en mi boca.

BALADA PARA CHET BAKER MINUTOS ANTES DE SU PRÓXIMA JERINGA

Baker es la mitad de una lágrima
que se encoge a medida que el humo se cierra.
Escucho ese angosto sonido que se escurre
por su garganta de bronce
y me pregunto si los búhos
abrieron sus émbolos al final de la niebla,
o si se le inflamaron las venas
en medio de la pólvora.

Baker es un epitafio que descansa
sobre sus manos llagadas.
El aliento le sobrevive en un cuarto a media luz.
La saliva tiene el color de la risa
que le inunda la cara cuando termina la sangre.
Escucho un gemido y pienso si él
prefería los pájaros o las crisálidas.

Un piano me sangra en las piernas
y "Almost blue" se acaba convirtiendo
en mi despedida cada vez que el aliento se me acaba.
Baker emerge de una voz sudorosa en blanco y negro
que se esconde detrás de las agujas en su pecho.
Miles le apremia con el silencio de los cómplices
y Gillespie mira para otro lado.

Sabe que al llegar la media noche dejará de ser
una ráfaga de viento acorralada en una maldita partitura,
para que se cuenten todas las historias
sobre un James Dean con trompeta,
un diente menos,
un poema al eufemismo de la libertad
y una foto de perfil en todas las jefaturas del mundo.

Baker es una luciérnaga que desnuda la luz
en la obscenidad de la noche.
Es Nina Simone en 5 mg de apatía
que se derrama sobre un Steinway and Sons
mientras el orgasmo le suelta el torniquete del bíceps
y sube hasta su oído donde le susurra
"I feel good".
Es un lamento en Sí bemol
que dura exactamente lo que dura un beso
en una funeraria.

Es una fotografía de espaldas al miedo,
que quedó inmóvil
después que el poema se hizo mujer en sus manos.

Fabricio Estrada

Nació en Honduras en 1974. Ha publicado *Sextos de Lluvia*, 1998, *Poemas contra el miedo*, 2001, *Solares*, 2004, *Imposible un ángel* (antología) 2005, *Poemas de Onda Corta*, 2009, *Blancas Piranhas*, 2011, *Sur del mediodía*, 2013 (México -Costa Rica), *Houdini vuelve a casa*, 2015, *Blake muere en París a causa de un paparazzo* (antología personal) 2018 (Puerto Rico) y *33 revoluciones para Rodríguez*, 2018.

Sus poemas aparecen en antologías iberoamericanas e inglesas y ha participado en diversos festivales internacionales. Prepara la publicación de su narrativa. Sus artículos de opinión han sido publicados en revistas impresas y on line de Iberoamérica. Integró el Taller de Poesía Casa Tomada (1993-1996); miembro fundador del Colectivo de Poetas Países posible, (2004-2008); miembro fundador de Artistas en Resistencia, (2009-2011). Ha sido traducido al inglés, sueco, árabe, portugués e italiano.

En el año 2017 un jurado internacional le otorgó el Premio Nacional de Poesía Los Confines, el mayor galardón de la poesía hondureña, por su libro *33 revoluciones para Rodríguez*.

Cuando solo te creía el viento eras el pájaro de la tarde,

el tordo que volaba entre las piedras
y que sabía hacer su nido en la mano del hondero.

Luego fuiste la confianza del agua y viajaste
hasta el palacio de arena deslumbrante,
hasta la cama donde ardía una fragua desnuda,
hasta el mismo corazón de los calcinados.

Pez de cuaresmas olvidadas,
rezabas y tus dedos quemaban tu frente,
tuviste la confianza del agua y la dejaste escapar
cuerpo de agua
pulmones de agua
miradas que corrían por todas las aguas...

Pero hubo remolinos de polvo
y la tierra también tuvo su presencia. Hablaste con ella
mientras los mozos paleaban la tierra traída por los muertos
los terrones que llenaban la boca de niñas bellas
los adobes angulares del verano.
Escarbaban los mozos sin propósito
y en su danza circular abrían pozos malacates,
se hundían
en la danza del vacío.
Bajaste a respirar con ellos el aire enrarecido
solo para encontrarte dormido en la humedad de la arcilla,

en el blando camino de los gusanos
donde las raíces pactan en silencio una nueva conjura contra el sol,
profunda e irremediable.

Cuando solo te creía el viento
a nadie más contaste tus secretos.

El sur queda a la izquierda,
el norte a la derecha.

A la derecha la osa polar
al sur la cruz del sur.

A la derecha las señales de no acelerar,
las estaciones solitarias,
el frío retén de los inmigrantes.

El sur tiene siempre fronteras con otro sur
y los pájaros lo saben
y no descansan hasta dar con él.

Yo siempre elijo las ventanillas que dan al sur.
Por la derecha suben siempre los policías,
por la izquierda
emigran los pájaros.

Carmen industrial para Rodríguez.

Escuchame bien, Rodríguez, vos sos como La Meca,
yo quiero irme mojado para la yusa en una especie de romería hasta
/Detroit.
Quiero rastrear los barrios industriales
y preguntar, también, de cómo eras cuando la música era cuento lejano,
de cómo eras cuando pagabas tu flaco desayuno americano
y luego te ibas a restaurar casa de ricos silbando tu melodía,
el único hit que aceptaste de tu soledad.

Escuchame bien, Rodríguez,
yo sé que existe Bután, que hay montañas enormes en ese país del Shangri-Lá, que ahí triunfa el poeta más desconocido de Honduras, que lo tienen por vidente, por lama insurrecto, por destructor de monarquías.
Pero yo no quiero ir a Bután,
quiero, ya te lo dije, ir a buscarte a Detroit con velitas mesoamericanas
para obsequiarte,
para pagarte un concierto en la ventana y que cantés
compadecido
una rola de aquellas que nunca triunfaron.
Era tu pinta mexicana, viejito,
era tu pinta de triste que no reclamaba más que un trabajo en los
/suburbios
con panqueques y mermelada y nieve mezclada con lágrimas, con
/desencanto,
con la tonadita de los silenciosos.

Era tu pinta de kung-fú Carradine arrastrando sombras y espejos,

era eso lo que te ponía en un mal poker,

casi un tripulante de submarino que filtra por todos lados,

vos, Rodríguez,

sufriendo tu propio Apartheid y sin ningún Mandela de tu parte,

eras vos solo

el cantante de los presagios y de los malos moteles,

el que llegó a probarse ante los tiburones y sacó de ello una dulzura extraña, casi lama pero no lama, ya te lo dije,

una dulzura que en tu guitarra movía al llanto a los afrikaaners, a los zulués, por una extraña coincidencia de los tristes que tejen distancias y van arrastrando los continentes hacia su íntima proximidad.

Escuchame bien, Rodríguez, me voy ahora mismo para Detroit

y quiero que me presentés a una de tus hijas

para que te demos un nieto, un pequeño folclorcito de estos humedales,

pero que salga anónimo y glorioso como vos,

vos tan Rodríguez como cualquiera de los cientos de miles de Rodríguez

que saturan los listados de desempleo por aquí,

todos ellos tan vos y tan cantantes a su manera,

estibadores que cargan lo que sea por un dólar,

cargarían tu enorme guitarra si fuera posible, tus lentes de junkie, tus botas mal lustradas, tu sonrisa quebrada aquella noche en que te diste cuenta que estabas vivo porque así lo creían en Sudáfrica, exactamente igual que en Bután, ahora mismo, creen que en Honduras existe la quinta esencia de la libertad,

encarnada anónima y silenciosa en un poeta que vive,

sin saberlo, entre nosotros.

IGUAL DE VERDE ERA EL VERANO

Era igual de verde el verano,
atravesado en cortinas,
fértil sequedad y una bruma confusa
que hacía esperar la tormenta
en el juego previo del vaho y la carne.

Y entonces creía
que la tierra estaba enferma
de un réptil abandonado.

Verde igual de cortinas era el verano,
bordado en brasas
piedra jugosa
mandobles que la memoria daba
sobre la zurda mano.

Guardaba una sed espantosa
para las lluvias del verano.

Francesca Randazzo Eisemann

Nació en Tegucigalpa en 1973. Doctora en Sociología (Universidad de Santiago de Compostela, 2012), máster en Ciencias Sociales (FLACSO, Guatemala, 2005) y licenciada en Lenguas (UNAH, Honduras, 1999). Ha publicado los libros *Exilio interior* (Tegucigalpa: Ediciones Paradiso, 2015), *Mirares/ Ollares* (Madrid: Bubok, 2010), *Barcos en el Aire* (Tegucigalpa: Editorial López, 2008), *Honduras, patria de la espera* (Tegucigalpa: Instituto de Antropología e Historia, 2006) *Compás de Luz* (Guatemala: Letra Negra, 2003), *A mar abierto* (Tegucigalpa: Pez Dulce, 2000) y *Roce de Tierra* (Tegucigalpa: Consejo Nacional de la Juventud, 1997). Tiene además una veintena de artículos publicados en revistas científicas. Actualmente es profesora de Sociología y Estudios de la mujer en la Universidad Nacional Autónoma de Honduras. Foto de Francisco Bocanegra.

Escarbar con los ojos
los lugares más inciertos,
resbalar a veces las manos,
olvidar por descuido
el corazón;
regresar en busca
de mi boca,
descansar en pos
de un recuerdo
o de un futuro.
Cicatrices
alimañas
rosas,
invariables,
insistentes.
Perpetuando
la unión del polvo y las piedras,
habitando
las grietas de los muros.
Vuelvo a la caverna
alguien
me invita a volar
y apuñala
la última candela.

Camino ciudades
montañas
piedras.
Rostros invisibles
diálogos muertos
disfraces,
todo
pegado a la ropa.
Somos miles,
evitamos percibirnos
para no tomarnos de las manos.
Amanece
nos quitamos
los sentidos,
sólo así puedo subir
a lado tuyo.
Cae el sol
y mi cuerpo,
me miro
miro lo que llevo
y lo que ya no percibo.

Presiento
una tormenta de soledad
en el suelo.
Está prohibido el ocaso
en los días artificiales.
Los últimos rayos del sol
no saben abrir
mi puerta;
se disuelven sin remedio
antes del recuerdo.
La vida
es un archivo borrado,
una compuerta
que no lleva a ninguna parte.
Se olvidó lo que guardaba
y ahora espera.
Recitan su parte
las bisagras,
frente a personajes
que suele interpretar el viento.
Pasajeros ocasionales
de mi cuerpo,
esencias oscuras
en las que toco el aire.

Durante unos segundos
el paraíso ha latido en ti

Como un recuerdo
un horizonte vibrando cálido
en el mismo umbral
en que tu tierra prometida
se unía al cielo

Emergidas de los mares
creaturas primitivas poblaron tu deseo

Por los siglos de los siglos
sigues siendo Eva
cortas manzanas
hablas con serpientes
convidas al amor

Un camino de caricias
surca unas tierras
siempre nuevas
y entre tus piernas
una entrada sigue abierta
hacia el Edén

Françoise Roy

Nació en Quebec, Canadá, en 1959. Estudió Geografía (Bachelor of Science Universidad de Maryland, 1980); Master of Arts (Universidad de Florida, 1983) con Diplomado en Estudios Latinoamericanos. Ha publicado tres novelas (en español y en francés), diecinueve poemarios, tres plaquetas de poesía y dos libros de cuentos; ha traducido cerca de setenta libros y una obra de teatro adaptada de Fernando del Paso. En 1997, recibió el Premio Nacional de Traducción Literaria otorgado por el Instituto Nacional de Bellas Artes de México. En 2002, fundó junto con otras escritoras la revista mensual de arte y cultura *Tragaluz*, de la cual fue editora hasta su cierre en 2007. En 2006, recibió el Premio Jacqueline Déry-Mochon, otorgado en Quebec, por su novela "*Si tu traversais le seuil*". En 2007, ganó por unanimidad del jurado el Concurso Nacional de Poesía Alonso Vidal y fue becaria residente del BILT (Banff International Literary Translation Center) del prestigiado Banff Centre for the Arts, en Alberta, Canadá. En 2008, ganó el premio "Días de Naim" (Ditët e Naimit) por su trayectoria literaria, reconocimiento otorgado en el marco del Festival Internacional de Poesía Ditët e Naimit, celebrado en Tetova, Macedonia. En 2011, ganó el Gran Premio Internacional de Poesía de la Fundación Oriente-Occidente, en el marco del Festival Internacional de Poesía "Noctiles de Poezie"

(Noches de Poesía), en Curtea de Arges, Rumania. Ganó el Premio Nacional de Poesía Tijuana 2015. En 2016, ganó el DJS Translation Award. Ha sido invitada a festivales de poesía en México, Canadá, Francia, Macedonia, Albania, El Salvador, Nicaragua, Rumania, Colombia, China, Marruecos, Alemania e India. En 2018, obtuvo una residencia de escritura en el Instituto Lu Xun de Literatura en Beijing, China. En 2019, la Academia Europea de Ciencias, Artes y Letras le otorgó el Premio de Poesía 2019.

LA MANERA DE LLORAR DE LOS REPTILES

¿Qué son tus lágrimas? ¿Charcos de sal del tamaño de una mosca, en ti hechos de agua dulce? No dulce por tu corazón. No dulce porque el terciopelo te cubra los ventrículos (el izquierdo donde te creí, el derecho que no tienes). Dulce porque la sal dice dolor, dice que una espina en ti habría dejado mi paso por tu cruce de camino.

¿Qué son tus lágrimas? Perlas de una concha que aún no desarrollas. Promesas de un nácar que tardarás vidas en pulir y arrojar en el fondo del mar, para que un pescador hembra inadvertido la pesque, la mire, la abra, y vea ese brillo, ahora futuro, que los Maestros te pedirán entonces?

Al lado del estanque, inmóvil, como una larga piedra verde bajo el resplandor de mediodía, reposa un cocodrilo.

LIBRO DE HORAS SOBRE PAPEL ARROZ

Por mucho que el cielo, caritativo, quiera auscultar la Tierra,
nada puede contra la lluvia a contrapié,
el clareo de la frondosa pelambre,
y mucho menos sabe guiar al ave migratoria, proel de las nubes,
norteada en su cambalache de estaciones trastocadas.
Poco sabe el ángel del dialecto ignorado de los árboles,
de la vida sexual del puerco espín,
del gusto del camaleón por las tonalidades del arco iris,
del solar lleco cartografiado por sus pozos de diamantes,
de los parlamentos del petricor con el bosque en brama,
si apenas le toca a Dios hacer de testigo presencial,
sin voz ni sable para detener el esquilmo
de pedrerías y pieles, marfil y brazos, seda y orquídea,
para detener la vendimia de trigo y combustible.
No está más en sus designios socorrer a la madreporita
envuelta en la concha nácar de su luenga memoria,
ni renovar a los habitantes del bestiario, heridos de muerte,
ni envidiar a la Tierra las bellas cifras de su escora sideral.
El azud de los siglos ha traído en el surco de las horas
huestes lapidarias enloquecidas por la artiga,
rebaños de girasoles con labios en forma de brocal
volteando al unísono hacia los espectaculares
donde se anuncia paisajismo con césped artificial, pastillas
/milagrosas,
florestas con follaje de plástico y bibliotecas desiertas.
De la rueda de las catástrofes desembarcaron ufanos

los majos conquistadores de la Luna y de Marte
que ocultan en la funda de sus guantes blancos
la piel de sus manos quemadas.
¿Habría que escardar, se preguntan las nubes que apacientan en el azur,
la tierra firme y la mar océana,
librándola de la tenaz ortiga que son los hombres?
Ah, ésos de corazón foral, ésos que estarcen su pisada en el polo,
plantan banderas en el erial, esos que, en noches de plenilunio,
afiebrados, hojean su repertorio de sandeces
en busca de palabras nuevas para nombrar lo que otros cantaran?
¿Quién para escribir todavía cartas de amor al páramo de Sonora
llamándolo al oído, con soplo de enamorado, su muy suya *jaula del sol*
su comarca feral donde silba e*l aire reo y loco de la ausencia* [...]?

LA BANDERA BLANCA

La bandera blanca izada a media pierna,
hecha con un pedazo de sabana, hará de estandarte de paz.
Guerra sin batalla, sin ejército, sin soldados de infantería,
librada en lo más recóndito de su corazón (forzosamente
duplicado), en la fosa común donde ambos enterraron
el miedo. Durante unos días –el alba de Paul Celan
despuntará más tarde, con su leche negra,
sus tumbas flotando también como papalotes-
se les olvida que tienen miedo. Se desean.
El armisticio firmado antes del conflicto tiene plena vigencia
(ahí florecen las palabras de tregua)
y el cielo se embellece con el grito de las oropéndolas.
Ella agita ese trozo de algodón mojado contra su mejilla,
y lo alza a media asta de su muslo lampiño,
y retrasa así el inicio de hostilidades.
Si, la bandera blanca izada a media pierna, hecha
con un pedazo de sábana, hará de estandarte de paz.

HERODOTO EN GUIZHOU

El polvo que alzaron los cascos del caballo de Marco Polo es el mismo que el que compone el limo de los arrozales en la provincia de Guizhou.

Por mucho que gire la Tierra, el fango desposa la corteza terrestre, y el tatara-antepasado del árbol que me ve pasar en la ciudad de Suiyang vio pavonearse también los emperadores que admiraron al veneciano, mucho antes del avión que me llevó de la comarca semiárida, enloquecida de sol, donde vivo ahora.

Mucho antes de que yo llegara hasta las orientales neblinas de Guizhou, donde el karst de la estribación del Tíbet recorta el oriente y el occidente de China como una segunda Gran Muralla.

Mucho antes de que yo saliera de mi hotel, el 9 de mayo 2016, y que la cámara digital —ante cuyo lente Enrique[1] y yo posamos con una sonrisa en los labios, bajo los bambúes que latiguean gentilmente el aire húmedo— tenga oportunidad de congelar para nosotros un mínimo trozo de eternidad.

---

1 Mi gran amigo Enrique Servín Herrera, asesinado en Chihuahua el 9 de octubre 2019.

Gabriel Chávez Casazola

Poeta y periodista boliviano, considerado "una de las voces imprescindibles de la poesía boliviana y latinoamericana contemporánea". Autor de seis libros de poesía, entre ellos *El agua iluminada* (Bolivia, 2010), *La mañana se llenará de jardineros* (Ecuador, 2013; Bolivia, 2014), *Aviones de papel bajo la lluvia* (España, 2016) y *Multiplicación del sol* (Colombia, 2017; Chile, 2018). Se han publicado las antologías de su obra *El pie de Eurídice* (Colombia, 2014); *La canción de la sopa* (Ecuador, 2014); *Cámara de niebla* (Argentina 2014; Bolivia, 2015; Costa Rica, 2017) y *Légamo y luz* (México, 2017). Poemas suyos han sido traducidos al inglés, francés, italiano, portugués, griego, ruso y rumano. Recibió la Medalla al Mérito Cultural de Bolivia y el Premio Editorial al Mejor Libro del Año, entre otros, y fue finalista del Premio Mundial de Poesía Mística "Fernando Rielo". Es editor de la revista literaria *El Ansia Bolivia*. Dirige la colección de poesía "Agua Ardiente" de Plural Editores y el taller "Llamarada verde" en su país.

TATUAJES

Una mariposa de tinta se ha posado en la espalda
de esa muchacha.

Una mariposa de tinta que durará más que la lozanía
de la piel donde habita.

Cuando la muchacha sea una anciana, allí estará,
joven aún, la mariposa.

¿Cómo se verá la espalda de la muchacha
cuando la lozanía de su piel haya pasado?

¿Cómo se verá la muchacha que ahora ilumina
la verdulería, como una fruta más para mi mano?

¿Los viejos de mañana se verán como los de hoy
y los de siempre?

¿O serán diferentes, ellas con *piercings* en los senos caídos
y ellos grandes aretes en las orejas sordas?

¿Volarán mariposas en la espalda de las muchachas viejas,
arrugarán sus alas sobre camas del coma, se marchitarán flores
de tinta dibujadas donde se abren sus nalgas?

Tal vez no pueda verlo, ya yo estaré ido para entonces
con mi mano temblando bajo un jean de mezclilla
o con la mente ausente en la cannabis
procurando aliviar dolores cancerígenos.

Ah, una mariposa de tinta se ha posado en la espalda
de esa muchacha.

Una mariposa de tinta que durará más que su aire.

Cuando ella haya exhalado por vez última
allí estará la mariposa todavía.

¿Echará a volar cuando incineren su morada de carne?

¿Se pudrirá en la tumba como una concubina egipcia?

¿La escuchará alguien volar o quemarse o pudrirse
y podrá venir para contarlo?

¿Escuchará alguien la historia desde la soledad de sus audífonos,
de los grandes aretes en sus orejas sordas?

¿No son estas las viejas preguntas de siempre?

¿Volveré a ver a algún día a la mariposa?
¿Volveré a ver a la muchacha?
¿Continuarán existiendo las verdulerías?

EL PIE DE EURÍDICE

Piensa un momento en el pie que
como un fruto
−opimo, terso, deleitable−
posa Eurídice en el territorio de la luz

antes de que el abismo la devore
−sombra fundida en otra sombra−
en el momento en que Orfeo osa mirarla.

Piensa ahora en el otro pie de Eurídice.

Aquél que como un fruto oscuro
el sol no baña sino el agua de Aqueronte.

En el pie que mordiera la serpiente,
el que se queda atrás y que la arrastra.

El pie mortal.

Acaso la poesía es una Eurídice
tendida como un arco
entre las zonas de la luz y de la sombra
que están dentro de Orfeo.

(Ocurre, breve, cuando el poeta osa mirarla
–verse–
a los ojos
y porque la mira
deja de estar).

Tal vez muchas otras cosas son eurídices:
nosotros, entre la sabiduría y el deseo,
la memoria y el olvido,
el adentro y el afuera,
o todo lo que existe
entre las reminiscencias del Ser y del no Ser.

PATIOS

Los patios son para la lluvia
cuando ella cae despiertan sus baldosas,
abren los ojos del tiempo sus aljibes.

Y entonces los patios cantan.

Un canto hondo,
en un idioma arcano
que hemos olvidado pero que comprendemos
cuando cae la lluvia sobre los patios
y volvemos a ser niños que oyen llover.

Bajo la lluvia todas las cosas son renovadas en los patios
y cuando escampa el mundo huele a recién hecho, a sábado de Dios,
/a primavera.

El canto de los patios en la lluvia borra el dolor del universo y
/susurra el dolor del universo
por las lluvias perdidas, por los patios perdidos, por los cantos perdidos,
por ti y por mí que bailamos
bajo la lluvia de Bizancio
arcanas danzas
con movimientos hondos e indescifrables
en los patios de la memoria.

Por ti y por mí que bailamos
que llovemos
que despertamos las estaciones mientras el patio canta

porque la lluvia es para los patios,
esos indescifrables.

PROMESA

(Donde el poeta, investido como un personaje de Kozinski,
conversa con su hija)

Para Clara

Y si de pronto un rayo o un camión se abaten
sobre la palma erguida,
sobre su razón llena de pájaros
y mediodías

si la malaventura hiere su frente de luz
y la desguaza
y convierte en escombros su razón
y su alegría
que era también la nuestra

no te dejes llevar por la tristeza,
hija,
recuerda que detrás de los escombros
siempre quedan semillas

y que algún día,
pronto,
después del rayo y la malaventura

se abrirá la luz
cantarán los pájaros
y nuestra calle y todas las calles del mundo
donde alguna vez hubo palmeras abatidas
se llenarán de felices jardineros
que peinarán
los nuevos brotes
y regarán los mediodías.

Te lo prometo, hija:
la mañana se llenará de jardineros.

Grazyna Wojcieszko

Poeta, traductora y gestora cultural de Polonia. Ha publicado seis colecciones de poesía y ha recibido varios premios de poesía polaca. Ha sido ampliamente antologada y traducida a varios idiomas. Su trabajo reciente se encuentra en la intersección de la poesía, la música y el cine.

Se graduó en Estudios Literario-Artísticos en la Universidad Jagellónica de Cracovia (2005). Máster en Informática por las prestigiosas universidades francesas Paris-Sud (1985) y Pierre-et-Marie-Curie (1987), fue empleada de la Comisión Europea en Bruselas hasta 2018, gestionando proyectos de investigación científica. Actualmente dirige la Fundación czAR (T) Krzywogońca de escritores en residencia, un lugar donde se juntan escritores, artistas y público.

Los poemas de esta edición fueron traducidos por Astrid Romero Ayala y Karen Romero Ayala.

SUEÑO DEL TRANVÍA

tomar un tranvía y deambular
cerca del inicio de los bosques
sin llegar a ningún lugar
solamente ver las paradas
donde la gente se apresura a seguir su marcha

entre la velocidad
veo tranvías rojos avanzar con pereza
hacia el escondite de las paradas
como si fuera un juego.

¿qué guardan los tranvías en sus escondites?

me dormí en el tranvía
y soñé que volaba entre los vagones
al despertar creo ver
que estás en la luz revisando los boletos
"este es un boleto para una dama"
dices con un ritmo en la voz
que me recuerda a los poemas antiguos
y yo espero que sigas hablando
para escuchar un segundo verso
pero es imposible me bajaré en la siguiente parada
donde creo que comienzan los bosques.

CIERVOS

temía a los ciervos
su olfato siempre alerta
esperan y vigilan los capullos de rosa

cuando en el verano hago guirnaldas en voz baja
rodean la casa con un denso cordón y atraviesan
el ojo de la cerradura
sus fosas nasales dibujan palabras
luego, en pleno invierno, las larvas de los poemas caminan
encuentran un lugar en sus cabezas
para pupar y volar y huir

volar insolentes por todo el pueblo
batiendo alas y hojas en la nieve
marcas de colores y cicatrices como tifones
restos de rosas frente a la casa
letras de una sílaba
a veces palabras completas

ENCUENTRO

me encontré contigo en el denso bosque
quién eres
quiero saber el nombre
de la flor abrazada por su perianto
que surge sobre los tallos

cuando hable algo deberás responderme
o quizá solo muestres el velo alucinógeno
no sé en qué idioma preguntar
tengo miedo que terminemos siendo enemigas.

Estoy sonriendo porque puedo fingir
ser mariposa
no te culpo por tu falta de olor
no voy a analizar el color de tu sexo
pero por favor no me confundas con una mantis religiosa.

PIEL DE UNA RUBIA

desinteresadamente me vestí con la piel de una rubia
como si fuera una chaqueta nocturna
y salí a jugar con las luces del arco iris en la oscuridad

bebí la savia de abedul de tus pechos

por la mañana colgué la piel como un abrigo
y dejé una nota
"desintoxica el organismo
fortalece
blanquea las pecas"

Se puede decir
que el fuego arde en la humedad
y que hay una forma de dolor que da placer.
China en amarillo, Egipto soleado, Londres
rojo "por supuesto".

Héctor Hernández Montecinos

Nació en Santiago, Chile, en 1979. Licenciado en Letras. Estudios doctorales en Filosofía mención Estética y Teoría del Arte, y en Literatura. Ha publicado *La Divina Revelación* (1999-2011), *Debajo de la Lengua* (2007-2009) y *OIIII* (2012-2019). RIL editores publicó sus libros sobre el quehacer poético: *Buenas noches luciérnagas* (2017) y *Los nombres propios* (2018). Es el compilador de los dos tomos de *4M3R1C4: Novísima poesía latinoamericana* (2010 y 2017) y *Halo: 19 poetas chilenos nacidos en los 90* (2014). Apareció en *Cuerpo plural. Antología de la poesía hispanoamericana contemporánea* (Pre-Textos 2010) y *El Canon Abierto. Última poesía en español* (Visor, 2015). A los 19 años recibió el Premio Mustakis a Jóvenes Talentos. A los 29, el Premio Pablo Neruda por su destacada trayectoria tanto en Chile como en el extranjero. Ha sido becario del Ministerio de las Culturas, las Artes y el Patrimonio, Fundación Andes, FONCA (México), AECID (España) y Conicyt.

NIEBLA, 19 DE JUNIO DE 2007

Descansan los ríos en el fondo del mar
y se devuelven a las cimas congeladas de la cordillera.

Se evaporan todos juntos
como millones de ángeles caídos en una bolsa amniótica
del tamaño de una gota de agua.

En este lugar los vivos y los muertos
tienen las mismas cicatrices que produce el frío
y la diferencia entre ellas
es que algunas no se olvidan ni dentro de la chimenea.

Hoy hasta el reflejo de las estrellas está produciendo olas
se oyen toda la noche
como nos oímos nosotros crujir.

Entre las piernas hay anzuelos y redes
hechas para los mares de la luna.

Lo que se deja a la intemperie
amanece afinado por el hielo.

El más allá es aquí.

Yo venía siguiendo una llamarada
pero es siempre de noche cuando hay fuego a lo lejos
para ahumar libros que han leído solo los fantasmas.

Los accidentes geográficos morirán
porque acá todo pertenece a las aguas
que volverán a su señorío llenando de prehistoria
lo que creemos esta noche es nuestro presente.

Para los muertos
el océano es el instante
en que comenzaron las resurrecciones.

Toda flor se mira a sí misma como una estrella
mientras nuestro barco avanza
sobre el coral con que están hechos los arcoíris en la piel.

La noche nace y muere
en lo que se demora la lluvia en cambiar de azul
soplan las velas los que no duermen
en las casas que en altamar naufragarán.

Los peces se regocijan y llenan de sal las lágrimas
de los que aquí llegan creyendo
que los relieves se olvidan como las distancias.

Seguí los vientos que regresan pero acá todo es magnético
lo que se congela y se evapora en sueños
los pájaros rondando en círculos polares sobre mí.

Hoy es mi fin del mundo
y no quiero que termine.

VICUÑA, 27 DE MARZO DE 2008

Algunos ven calles, instituciones
otros valles o montañas.

Escribir es construir
piedra a piedra, palo a palo
una civilización sumergida en el tiempo.

Yo quise un nuevo sol
un nuevo cielo estrellado
lleno de nuevas constelaciones.

Una nueva geografía
para mi tristeza.

Inventé un mundo
solo para mí.

Lo soñado en el papel
es un modo de mitología
desde que uno nace y muere
en medio de un cataclismo.

Las nubes eran libros
que flotaban entre las nubes
iban camino a un desierto
donde el sol cayó de rodillas.

Los hombres se arrojaron tras él
para no detener el mañana.

Los imperios se esconden en lo que adoran
y esa vergüenza
es como ejecutan su eternidad

Mental es todo Universo
el mito una conciencia de todo
la bisagra entre uno y el infinito
la última palabra después de la última palabra.

En ese punto está el poema
la reconstrucción de un porvenir que no viene
absoluto e imposible
sin nadie que lo pueda terminar.

SANTIAGO, 30 DE OCTUBRE DE 2008

Se me acaban las páginas
como días me quedan en Chile
no sé si distancia y tiempo
tengan algo que ver con las palabras
intuyo que entre ambas existe otra
que es la que se usa
cuando uno quiere dar vuelta su historia
con un lápiz en la cabeza y la lengua afuera.

No sé porque escribo esto
transcribo estas líneas en un cuaderno
más viejo y feo que mis manos
pero con más hojas y menos raíces.

Lo llevaré a México conmigo
como si también fueran apuntes de flecha
dados en el blanco del azar.

Aquí te dejo libretita de estos meses
en los cuales viajamos
por tantos lugares
y pocas veces escribí poemas
porque la vida me sedujo más
también la muerte
por eso dije antes la palabra fin

que es la pregunta
por el qué de todo esto.

Cuadernos, libretas y páginas sueltas
son los géneros literarios del que viaja
y para el cual la literatura
no es otra cosa que el momento
en que todo tiene una segunda posibilidad.
Nada se acaba en el papel
cuando es hora de decir adiós.

TEGUCIGALPA, 15 DE MAYO, 2010

    Las estrellas ya no existen
su luz no es su luz
es la oscuridad que hay entre una y otra.

    Rasguño botellas libros espaldas
el desastre que acalora los huesos
    en su mortal necesidad.

    Vacías sin
quemados por
apuñaladas en
eso es
    se consume el hambre de existencia.

    En el Universo las nubes son nebulosas
y lo que llueve es tiempo y espacio
    sensaciones sobre la piel desnuda
    sobre los árboles que serán papel
    sobre el polvo cósmico que se hará vidrio.

    Todo se refleja en esta noche
fenómenos y especies
    que vuelan a través de la historia del hombre
    de uno solo que canta.

    Sonámbulo e invisible parpadea con las moscas

arquea su columna
alza su mano y escribe con el dorso de los dedos
ebrio de alfabetos y contradicción.

Son transparentes las noches y relinchan.
Eso creo.

Volveré a considerar todo de nuevo en este y en ningún lugar.

Mucho vino en el cuerpo: luz
escasos ronquidos: sueño
y poca confianza en el sol: mañana.

Las estrellas ya no existen
pero son un mapa a estas horas
y el final de alguna calle es el fin del mundo hoy.

Allá está mi casa
y mi casa como toda casa es el cadáver de una vida.

Tantos años esperé para estos años
habitándome en estas pulsaciones
y ahora que tengo todo para renunciar
lo único que quiero es una tentativa madrugada.

No puedo pensar en otra cosa y en ti.

Todo pasa y ahí se queda.

Feliz es dios cuando eres dios
Entretenido es el miedo cuando eres el miedo.

A los 19 años comenzaste a escribir
ahí tu vida se detuvo por completo
quedó suspendida
paralizada.

Una fotografía en el Olimpo.

No hay rostros desconocidos
sino hombres con los que no fuiste al mar.

Héctor Ñaupari

Poeta, ensayista y profesor universitario de Perú. Es autor de los libros de poesía *En los sótanos del crepúsculo, Rosa de los vientos, Incendio que me envuelve* y *Malévola tu ausencia*. Es coautor de las antologías *Poemas sin límites de velocidad 1990-2002* y *La hoguera desencadenada, antología poética del Movimiento Cultural Neón 1990-2015*.

IX

> *La meta es el olvido.*
> *Yo he llegado antes.*
>
> Jorge Luis Borges
> (*Quince monedas, Un poeta menor*)

Este es el poema del amor y la muerte.

En él diré que soy el vértigo,
el corazón roto de la ciudad
el sacerdote disoluto que ofrenda violetas al invierno.

En cambio, tú eres la herida que no sangra
la noche de veloces estrellas, el filo del suicidio
como un edificio alto o un puente largo como la sombra de un mástil.

Este es el poema del amor y la muerte.

Tú sabes que cuando te devoro estiro tu piel, la separo del músculo y la sangre y tan sólo mastico los tendones y el tuétano de tus huesos.

Recorro la dulce curvatura de tu cráneo y lo imagino impenetrable como las ciudades sumerias, entristecidas por la soledad y los leprosos.

Tú sabes que pruebo el vaporoso calor de tu carne palpitante extendida en mi secreto altar que comeré tu vestido de tul corroído por los gusanos sosteniendo tu intestino hirviente en los oscuros recodos de mis fauces.

Tú sabes que te amaré hasta que te pudras y hiedas en lo profundo de la tierra.

Este es el poema del amor y la muerte.

Y en medio del tibio repaso de tus ávidos dedos, soy la condenada desolación, que vaga por la eternidad, desesperado de ti por muchos siglos de búsqueda y asedio.

XIII

Miren con todos los ojos de la piel esa otra piel.

En su ilesa geografía habitan mis poemas como latidos,
como secretos que se esparcen en el crepúsculo.

Miren con todos los ojos de la piel esa otra piel.

Cómo huye del delirio inmóvil
que se transforma en aullido, en grito o en gemido sin alcanzarla.

Yo he vencido con mis manos el enfático vapor de tus labios abiertos
y sangrantes. Con ellas he invadido el sol hasta las sedes sangrientas
del plenilunio.

Miren con todos los ojos de la piel esa otra piel.

En sus sueños, ahora sé que la eternidad no es propiedad de las pirámides

SHEREZADE

> *Tu voz persiste*
> *anida en el jardín de lo soñado*
> *inútil es decir que te he olvidado*
>   Juan Gonzalo Rose
> (*Tu voz*)

Cuéntame vívidamente ese sueño transformado en historia otra vez, oh Sherezade, esposa mía, que quede preso entre tus muslos como estoy yo entre ellos sujeto al escucharte.

Ni la tribulación más honda me perturba cuando te oigo.

Extraviado en esta torre insomne hecha de tus palabras, el hilo de seda de tu voz me lleva a sus nada diáfanas profundidades con su sutil sonido.

Y tu voz me empapa de sorpresa como una lluvia intempestiva, y tu voz se hace bella como dos concubinas, tu boca y tu palabra, para hacerme tuyo.

Y tu voz me desnuda me interpela me vierte a imaginar esos reinos incógnitos cuyas calles recorro llevado por el tenue vaho de tu aliento cual un faro que atrapa mis pasos.

Y en tu voz tu respiración canta silente como una duna al viento, dejas que cada oración se llene de impudicia, Sherezade, tu voz es el bálsamo de mi corazón cortado a carne viva, late con cada oración que terminas.

Si tu voz se escucha en cada pasillo del palacio, en cada fruta que llevo a mis labios, ¿de cuántas de tus imaginaciones vienen estas historias que me subyugan? ¿Qué espeluznante narrador te contó esto que susurras en mis oídos cada noche, en qué blasfemo libro hallaste estos personajes que me acompañan con sus alegrías y tormentos y me hacen enamorarme más de ti?

Tú eres cada gema hurtada, cada esclava cantora, cada alfombra donde yacen los desesperados amantes de tus narraciones, ¿has vivido esas vidas, amada mía, has pronunciado esos nombres en la abrazada quietud que se inicia cuando el amor cesa, tus labios se han abierto estremecidos al besar a esos visires, a los jeques, a estos capitanes, a aquellos aventureros de tus cuentos?

Y tu voz es tu piel, que frotas contra la mía y la hace arder, y hay dedos en la punta de tus palabras que me acarician como miel vertida sobre mi cuerpo.

Engarzas cada palabra cual perlas derramadas en mis oídos hasta convertirlas en un magnífico collar, y yo he pagado el alto precio de esta joya con tus historias infinitas. Yo, Shahryar, anoche tu verdugo, quería convertir tu ajuar en tu sudario; hoy que amanece, soy tu amante, pertenezco a tu cuerpo y a tu voz, a tus ojos de tilos, a su febril fulgor violeta, te derribas debajo de mí como un alféizar, con tus senos suaves, tu cabellera sobre mi rostro y mi cuello, asfixiándome, cómo me enciende el hipnótico perfume de tus labios, Sherezade.

Desde la alcoba de Samarcanda hasta las orgías en el jardín del alcázar, la nuestra es la historia única y verdadera detrás de las que narras. Mil noches y una noche transportado a tierras lejanas que no oyeron nunca la palabra del profeta, por tu imaginación más bella que la luna que nace, para llegar al puerto de tu cintura y quedar acodado para siempre como un navío abandonado entre tus brazos.

Ya anochece otra vez, narradora. Nuestros cuerpos han dejado de ser poseídos por la luz. Dime que nunca nos acostumbraremos.

NO ME DIGAS QUE LAS NOCHES...

Y ella es apenas una voz entre los brazos platónicos,
una invisible obscuridad abrazada a la profundidad
negra,
atravesada por la pasión de la densa tiniebla.
    D.H. Lawrence
(*Gencianas bávaras*)

....son figurillas chinescas que nos confunden

no me repitas esa invocación a limitarme

no llegues tarde que desespero, me dices y me pides mesura horarios tiempos en serie

que ruedan como los engranajes de un antiguo reloj

no desconectes los teléfonos o iré a buscarte me adviertes lloras recurres a los viejos estratagemas

no me dejas replicar ni pronunciar una oración

Salva a tu siervo Señor de la monotonía de estas mañanas

levantarse correr beber el té y despedirse rápido nos deja el bus que nos llevará al puerto –allí hace todavía más frío–

viejas y brumosas canciones astillan el silencio que ansío

harto estoy de ver los rostros sin vida de los funcionarios que me devuelven cínicos mi propio rostro y entonces quiero

volver a ser la fiera enloquecida por la carne que todavía palpita en sus entrañas

sentir el pánico escénico del vocalista frente a la multitud

beber mi sudor helado como las cervezas de mi juventud tan lejana en estos días

camino como un preso sin nombre en la Isla del Diablo no hay acantilados que saltar ni cernícalos grises agonizando en las zarzas

qué más puedo decirte, hoy también llego temprano amor ¿hay comida en la casa?

¿cómo está la bebé?

pregunto y pienso ser un clavadista que temerario salta hacia un mar encrespado

–los suicidas siempre saben hacia dónde van–

mañana compraré el pasaje.

Inger-Mari Aikio

Escritora, traductora y productora de documentales fílmicos y videos musicales. Nació en el norte de Finlandia, Nación Sami. Ha trabajado como periodista, presentadora de radio y reportera.

Ha publicado siete libros de poemas, dos libros infantiles y una novela para adolescentes y jóvenes adultos en idioma sami.

Su obra ha sido traducida al inglés, español, noruego, alemán, húngaro, finés, francés, árabe, swahili, italiano y búlgaro. Ha dirigido 12 videos musicales y 11 películas documentales.

Los poemas de esta edición fueron traducidos por Zoila Forss.

CIEN

¿y si todos mis hombres
se reunieran a la vez en mi casa,
incluso los muertos?

jóvenes por la mañana
y por la noche tal como son
o serían
si ellos vivieran

¿qué dirían o hicieran?
¿y yo?
¿quiénes me desearían?
¿a quiénes yo?

¿y todos aquellos a los cuales estuve
por soledad
o necesidad?
¿y aquellos a los que amé en serio?

sentimientos, semillas de hombres
enturbiadas cien veces
mezcladas cien veces,
cien de cornamentas caídas

PROEZA

fuerte como un alce
aguantas, aguantas, aguantas
cambias a nuevas posturas
aceleras, desaceleras,
robot eficazmente programado

los aviones suben y bajan
los helicópteros provocan tormentas de nieve

el sudor cae torrencial
se desbordan los charcos

de pronto, me miras
un momento a los ojos
sonríes
me ves
a mí

puente levadizo de acero

A CONTRAPELO

¡carajo con estos vellos!
corta
encera
jala
¡sácalos de raíz!

aunque sea los de las axilas
y piernas
y también los del pubis
¡nadie los quiere en la boca!

la mujer
debe ser tersa
suave como satén

los medios occidentales enseñan:
entibia masa de azúcar
arranca en el mismo sentido del vello
también funcionan las cremas depilatorias
pero el láser es más eficaz
¡no vuelven a crecer más!

es una dicha cuando
los hombres pueden amar
a suaves y desnudos
ángeles sin vello

pero nosotras
glorificamos en secreto a nuestros arbustos
gritaríamos si nos atreviéramos
¡viva la vellosidad!

JAGUAR

muslo contra muslo
manos entrelazadas
palma y dedos

tres mil kilómetros
los labios aún recuerdan
las mullidas alas de ángel

recuerdan al aristocrático
al incomparable y reluciente pelaje
a la danza de movimientos

recuerdan las huellas del felino
los arbustos húmedos como la piel
el crujido de las hojas al caer

te recuerdan
b´alam de los mayas
jaguar de la selva

Juan Manuel Roca

Nació en Medellín, Colombia, en 1946. Es uno de los poetas más representativos de América Latina. Fue coordinador y director del Magazín Dominical del diario *El Espectador* en Bogotá. Ha recibido el Doctorado Honoris Causa en Literatura por la Universidad del Valle y el Doctorado Honoris Causa por la Universidad Nacional de Colombia. Ha sido Premio Nacional de Poesía Universidad de Antioquia, en 1979; Premio de Periodismo Simón Bolívar, en 1993; Premio Nacional de Cuento Universidad de Antioquia, en 2000;

Premio José Lezama Lima, otorgado por Casa de las Américas, en Cuba, 2007; Premio Poetas del Mundo Latino Víctor Sandoval, México, 2007; Premio Casa de América de Poesía Americana, Madrid, 2009 y Premio Ciudad de Zacatecas México, 2009. Es autor, entre otros, de los libros de poesía *La farmacia del ángel, Las hipótesis de nadie, Biblia de pobres, Temporada de estatuas, Pasaporte del apátrida, No es prudente recibir caballos de madera de parte de un griego* y *Cartas a Ninguem*.

Libros traducidos: *Korpens Tecken* (*Señal del Cuervo*), poemas en sueco, en traducciones de María Kallin y Víctor Rojas, Suecia, 2003. *Luna de Ciegos* (*Blindenmond*), traducido al alemán por Tobías y Jana Burghardt, en Berlín, 2007. En 2008 aparece en Holanda, traducido por Stefan Van der Brendt al neerlandés *Las Hipótesis de Nadie*. La editorial Myriam Solal publicó una antología bilingüe de su obra (francés-español), traducida por François Michel Durazzo, titulada *Voleur de Nuit*, en 2009. La misma editorial publicó en 2010 *Biblia de Pobres* (*Bible de Pouvres*), traducida por François Michel Durazzo, edición bilingüe. En 2014 la Editorial Glaciar publicó en traducciones al portugués de Nuno Júdice *Los cinco entierros de Pessoa* (*Os cinco enterros de Pessoa*). En 2016, la editorial italiana Raffaelli Editores publicó, traducción de Emilio Coco *Testigo de sombras* (*Testimone d'ombre*). Khalid Rausouni tradujo una antología de cien poemas al árabe en Marruecos, 2018.

En 2017 fue el poeta homenajeado en el Festival Internacional de Poesía en Costa Rica y en 2018 en el Festival Internacional de Poesía de Marruecos, lo mismo que en el Festival Internacional de Poesía de Jönchoping, Suecia donde se publicó su antología *Närh elden talar med vinden* (*Cuando el fuego conversa con el aire*).

La IV edición del Festival de Los Confines de 2020 se dedica como homenaje a su trayectoria por esa razón se editará una antología de su obra bajo el título *Compendio de brumas*. Foto de Carlos Mario Lema.

POÉTICA

Tras escribir en el papel la palabra coyote
Hay que vigilar que ese vocablo carnicero
No se apodere de la página,
Que no logre esconderse
Detrás de la palabra jacaranda
A esperar a que pase la palabra liebre y destrozarla.
Para evitarlo,
Para dar voces de alerta
Al momento en que el coyote
Prepara con sigilo su emboscada,
Algunos viejos maestros
Que conocen los conjuros del lenguaje
Aconsejan trazar la palabra cerilla,
Rastrillarla en la palabra piedra
Y prender la palabra hoguera
                         para alejarlo.
No hay coyote ni chacal, no hay hiena ni jaguar,
No hay puma ni lobo que no huyan
Cuando el fuego conversa con el aire.

CONFESIÓN DEL ANTIHÉROE

Nunca llegué a sitio alguno.
Cuando los altos viajeros
Se deslizaban en un hondo silencio
Y veían la tierra como una aldea perdida,
Yo miraba en la oscuridad de los armarios
Pequeñas lunas de alcanfor.
Muchos impacientes caían en combate
Cuando era humillado en oscuras oficinas.
Los inventores de la máquina de sueños
Cenaban con mujeres más bellas que sí mismas.
Una ración de orfandad me era servida
Bajo techos que dejaban caer migajas de yeso en el mantel.
Nunca llegué más allá de la próxima esquina.
No fui el boxeador que sonríe a la penumbra
Cuando en el altar del cuadrilátero
Parece llamar a la oración la última campana.
No tuve agallas para disparar contra el tirano,
No monté en pelo el brioso caballo de la guerra
Ni atravesé campos minados para salvar una aldea.
Me dediqué a masticar el pan sin levadura de todas las derrotas.
Algunas noches me pregunto dónde andarán
Los que cambiaron de piel o de país
Mientras oigo una canción que habla de visitar la lejanía.

BIBLIOTECA DE CIEGOS

Absortos, en sus mesas de caoba,
Algunos ciegos recorren como a un piano
Los libros, blancos libros que describen
Las flores Braille de remoto perfume,
La noche táctil que acaricia sus dedos,
Las crines de un potro entre los juncos.
Un desbande de palabras entra por las manos
Y hace un dulce viaje hasta el oído.
Inclinados sobre la nieve del papel
Como oyendo galopar el silencio
O casi asomados al asombro, acarician la
     palabra
Como un instrumento musical.
Cae la tarde del otro lado del espejo
Y en la silenciosa biblioteca
Los pasos de la noche traen rumores de leyenda,
Rumores que llegan hasta orillas del libro.
De regreso del asombro
Aún vibran palabras en sus dedos memoriosos.

BIOGRAFÍA DE NADIE

Es notable la gloria de Nadie: no tuvo antepasados bajo el sol, bajo la lluvia, no tiene raigambre en Oriente ni Occidente. Ni hijo de Nadie, ni nieto de Nadie, ni padre de Nadie, pequeño cónsul del olvido.

¿Ven un vacío en la foto familiar, un hueco, un espacio entre la respetable parentela? Es Nadie, sin rastro y sin linaje.

Es notable la gloria de Nadie antes de la primera mañana de la historia, precursor de hombres que hoy son hierba, de padres de otros padres que son velas sin pabilo.

Festejemos a Nadie que nos permite presumir que somos Alguien.

Keijiro Suga

Nació en Japón. Es poeta y crítico. Tiene siete poemarios en japonés (A*gend'Ars y otros*) y uno en inglés (*Transit Blues*). Su ensayo *Transversal Journeys* (*Viajes transversales*) ganó el premio Yomiuri; uno de los premios más destacados en Japón, en 2011. Como traductor en literatura y ciencias humanas, ha publicado más de treinta libros. Sus autores traducidos incluyen Antonin Artaud, Edouard Glissant, Maryse Condé, J.M.G. Le Clézio, Rudolfo Anaya, Jamaica Kincaid, Aimee Bender, Humberto Maturana, Francisco Varela, e Isabel Allende. Es profesor de la teoría crítica a la Universidad Meiji en Tokio.

COLIBRÍ

En la casa que se levanta repleta de buganvilias,
los colibríes se están reuniendo,
detenidos en medio del aire,
con el sonido apenas perceptible de sus aleteos.
combinándose hábilmente, sorben en lo inmóvil
el néctar que fluye por sus cuerpos,
para convertirlo en movimiento.
Sus picos como largas agujas
sacan la esencia
de flores, frutas y semillas.
Cuando bailan el néctar se convierte en un torrente en el aire
que hasta en el desierto brota como un largo río vertical.
Y cada colibrí
parece imitar el resplandor del arcoíris
recortando su contorno preciso desde la ausencia.
Fuertemente, enérgica forma de vuelo,
tanto que se puede sentir la incandescencia de sus corazones.

(Traducción Yaxkin Melchy)

PINGÜINO

No se había hecho aún la conversación entre la mar y el cielo
pues no tenían palabras en común.
La mar no conocía el silencio
y el cielo no conocía otra lengua más que el silencio.
Ella murmuraba, lloraba, aullaba
el cielo repetía sus centelleos una y otra vez sin responderle algo siquiera.
Sin embargo, parecía como que podrían complementarse.
En el mar había peces silenciosos
y en el cielo había aves ruidosas.
Los peces y las aves se parecían bastante,
hacían ondear sus alas o sus aletas,
solían nadar como si estuvieran volando
y solían volar como si estuvieran nadando.
¿Y sabes?, ¿quién enlaza el mundo de los peces y de las aves?
pues un ave que vuela dentro del agua,
un pez que se levanta con dirección al cielo,
un mensajero que terminó yendo libremente por los dos mundos,
el pingüino.

(Traducción Yaxkin Melchy)

CABALLO

Es una república increíble, ese cabo pedregoso
al ir caminando hacia donde alumbra el faro
unas vacas negras me rodearon completamente
el viento que es un viento fuerte echó a volar con su soplido mis
/esperanzas
fuerza que no resisten ni las gaviotas, así es este viento indetenible.
Las vacas guardan silencio como si disfrutaran de aquellos rugidos
nunca nos cuentan de su conocimiento, que es como el del Sutra
/de Vimalakirti
y las plantas de dientecillos afilados dominan esa tierra.
Por ahí unos caballos con forma de islas pequeñitas, han formado
/sus manadas y vienen galopando
La iluminación inmediata de los grises
se debe a sus movimientos que por fricción hacen emitir luz al cielo.
Luego vi un espectáculo inolvidable
los pequeños caballos y las vacas negras
fueron formando una sola manada y se echaron a correr por los
/pastizales del cabo
y se elevó su impulso, y su luminiscencia se volvió extrema
y antes de que pudiera decirlo todo el cabo se volvió una tierra de luz.

(Traducción Yaxkin Melchy)

CAMINANDO COMO UNA ORACIÓN

"Caminar tiene en sí mismo el valor de una oración".
Los niños de esa tribu lo aprenden desde temprana edad.
Caminan mucho.
Paso a paso, hacia un punto fijo cada día,
hacen su peregrinaje en una tierra sin territorio.
Nombran pastos y flores,
tocan los árboles con sus manos
y conocen el vuelo de los pájaros y el movimiento de los insectos
que sólo perciben en las esquinas de su campo visual.
En cada rincón tienen un objeto al que rezar.
Aquí, la tierra, es la materia prima que sustenta la vida.
Aquí, el agua, organiza el movimiento con su flujo y circulación.
Aquí, el fuego, da calor al mundo y seca la vida.
Aquí, el viento, es el último secreto de un ser que parece nada.
Así la tierra se ha convertido en su altar.
Su caminar se convierte en una forma de oración.

(Traducción de Javier Bozalongo)

Kris Vallejo

Poeta y artista visual de Honduras. Ha publicado las obras *Tigres sin Memoria* y una plaquette en la Colección *Ciclónicas* de Ediciones Malpaso. El poeta e hispanista Emilio Coco incluyó una muestra de su poesía en la *Antologia della poesia honduregna* y en *Almanacco dei Poeti e della Poesia contemporanea 6* de Raffaelli Editore. Su obra poética ha sido publicada en Honduras, México, Colombia, España e Italia.

LA MUERTE DE UNA ROCA

Se disipa una cadena perpetua
peldaño a peldaño
la fortaleza de esta montaña se desgrana
anhelando frente al exterminio
la geografía del tiempo vivido

Muere lentamente esta roca
abre paso a un continente solitario

La libertad de su mundo se reduce
al tierno silencio que cargan todas las ruinas

HOTEL DE TERCIOPELO

Oigo los vestidos tibios que tintinean al tocarse
asidos al peso de un pulmón

El alegre paso de las llaves por la lengua de mi alfombra
un laberinto en las manos del vértigo

Me pagan por abrir ventanas en paisajes sumergidos
y enterrar cadáveres que amenazan con volver

En el ático escondo tormentas
y la palabra gastada de hombres crueles

Aquí se paga con profecías
todo permanece en la humedad de mis cerrojos

¡Fíjate cómo sangra esta noche sin orillas!
¿acaso no sientes pena por mi respiración?
¿por mis orígenes de cantera y mineral?

A mí me pagan por recordar
las sábanas mudas los huesos negros
la curva de un pecho en el espejo
y el final de tantos caminos

Toda mi vida se resume
en un cementerio de tigres sin memoria

SERÉ OLVIDADA

Aunque sea parte de todas las cosas
Seré olvidada

En la trama abierta de la hierba
escucho todos los nombres
y ninguno es el mío

Da igual
todo fruto será amargo
una espada un pensamiento

En el desierto siembro un árbol que dando tumbos se aleja
como el libro que olvidó su idioma
como la noche triunfal en una tormenta

Es una voluntad fallecida disuelta por los escarabajos

Mi destino ya no se lee más en los horizontes

A pesar de todo
Arrastro el hambre del camino que me fue negado

RÉQUIEM

Yo vine a esta tierra
para tejer pájaros y enterrar a mi padre

Amortajarlo dócilmente
entre las teclas de un piano
y el polvo de nuestras voces
sentarlo con su mejor traje
entre Platón y Ramón Rosa

¡Con qué cuidado acomodé sus pies
para que no le asuste la ingravidez
de su nuevo peso!

Ahora veo abismos por todos lados
encima del armario
debajo de los sillones
dentro de los ojos de los niños

Sobre las quietas aguas del océano
revolotean entre bandadas hambrientas
estos nuevos ojos que tejí con mis manos

León Félix Batista

Nació en Santo Domingo, República Dominicana, en 1964. Ha publicado *El oscuro semejante* (1989), *Negro Eterno* (1997), *Vicio* (1999), *Burdel Nirvana* (2001), *Mosaico Fluido* (2006), *Pseudolibro* (2008), *Un minuto de retraso mental* (2014), *Música ósea* (Perú, 2014), *Se borra si es leído, poesía 1989-99* (2000); *Crónico* (Buenos Aires, 2000); *Prosa del que está en la esfera* (Buenos Aires, 2006), *Inflamable* (Montevideo, 2009), *Delirium semen* (México, 2010), *Caducidad* (Madrid, 2011), *Sin textos no hay paradiso* (Colombia, 2012), *Joda poética completa* (e-book, 2013), *El hedor de lo real en la nariz imaginaria* (Quito, 2014), *Duro de leer* (2015) y *Próximo pasado* (México, 2018). En portugués *Prosa do que está na esfera* (Sao Paulo, 2003, traducción de Claudio Daniel) y *Mosaico Fluido* (Sao Paulo, 2014, traducción de Adriana Zapparoli). Está incluido en más de una decena de antologías publicadas en diversos países. Ha sido también traducido al inglés, sueco, alemán, italiano e hindi.

MÚSICA ÓSEA
(Fragmentos)

evento de la nada en remolino, a partir de la pastura de lo oscuro espesan a centígrados las singularidades furor de sus figuras gaseosas descomprime de los nudos sus conflictos al curvarse bajo peso y densidad colapsando hacia lo interno asume masa, la que luego se desteje en paroxismo y las partes son antípodas indicios cenitales de su despedazamiento elementos se arraciman, incrementan, partículas tramando más regiones por cepas expansivas sobre la plataforma de su veloz inercia epicentros de espirales destilándose del todo como agujas anguladas sucesivos en sus dosis dispersando virulencia dentro del centro cáustico las petrificaciones que sí evolucionaron se quiebran en el delta de un alud secuela que ha dejado ese desfase a flor de refulgencia en superficie bordea lo abisal su vacío subyacente al imán de la colmena del conjunto trabar con cuerdas cósmicas los ángulos en blanco sumarlos a pedazos más espesos despojos de años luz cercenados de las formas, el esquema quebrantado del todo imperceptibles en franjas infrarrojas y abducidos por la umbría cataratas de los cuerpos sin compuertas amasándose en el seno movedizo minúsculos y díscolos en su reposo próximo, su físico ficticio, acero falso

conglomerado tosco distinto del contexto en que los filamentos de las cosas se desasen compuesto granular que menoscaba lindes al soldar sus horizontes con el resto un ángulo larval de fenómenos espurios, contenido que se va descomprimiendo desde el súbito excedente de su lecho indivisible hasta el aro de aridez que lo formula vorágine voraz de materia que se estría, de sus huecos descompuestos en bandadas a pesar de que las cepas se deshacen por el rápido fragor de sus pedazos en tiempo no medible molienda interminable: la pasta de cocer lo que no existe tubérculo de luz que eyacula nebulosas ocluyendo toda puerta al paradigma piedras ígneas, madreperlas, vertiéndose de vértices atómicos

tramando ciertas grietas, sentido sin drenar: basura remanente del desbaste de planos estriados que son inoculables a sus antitejidos presente de su máximo en meseta la llaga se clausura y el ser recibe cobre si brota de avatares más concretos así la realidad: el salto hasta lo sólido de tensas vastedades en abismo ficción de su tapiz, el cuadro corregible de cuerpos en volúmenes volátiles reconstrucción violenta por humus menos árido la sal de siderales canterías impulsos sucesivos de parámetros disueltos cuajando en estructuras arbitrarias: devoran lo incompleto del espacio cremando las membranas de las formas

cuerpos, cuerpos, cuerpos: intervalos de más tundras y erupciones de luz sólida eslabonando vida, subordinando espuma, volcándose y volviendo a caracoles follaje solo en su pavor cerval que responde con enigma a su aflicción: esos cuerpos devorados por la historia y abstraídos del tormento de las tramas cuerpos solos, lapidados por la bruma, malheridos por los fosos seculares: manto de fecundo magma, supernovas estallando por adentro ramalazos que los suman a su física celeste más cuerpos y más cuerpos, cera fría en las fisuras que asimilan a la urdimbre sus lesiones espejismos amputados, desprendidos, de un espejo, más dragados por su propio vidrio en polvo

el cuerpo es un constructo que supura la carroña de sus físicas ficciones: la cal sobre el asfalto que traza los contornos del cuerpo en que caí cadáver su argamasa, la suburbana selva: la bala que injertó a mi mente espuma hemorragia como un río, como bramar por dentro del vacío hacia el que ha sido succionado buscar en la oclusión de su propio subconsciente la víctima del acto delictivo las vísceras expuestas, pedazos inconsútiles: despojos de la nada germinal moléculas de un cuerpo colisionan tras escasos engranajes de necrosis sepulto para siempre en mi cabeza críptica: pensarlo es un tornado en empolleta cerebro de borrascas de horas con heridas la ciénaga perenne en todas partes elipses de una mente devastada, reservorio de otras cosas que no fueron ¿recuerdas, cuerpo, o no, tener un cuerpo propio las hipersuperficies de lepra que prorrumpe con el hilván de todo disolviéndose fundir en las falanges la cera subceleste de celajes no velados? un cuerpo construyéndose con sus demoliciones aquel en que me enquisto volviendo a su estructura, pero con dilución, así que es la fractura de otro cuerpo espiral de estado agudo que conduce a perecer cuando el cuerpo es el colapso de las cosas aunque luego, con declive, se descosen sus conjuntos, sus partículas de ser perecederas así se descerrajan los sentidos: con el cuerpo contra el cuerpo a quemarropa un enjambre de memorias entreabierto a incertidumbre después desaparece en un espasmo.

Lucy Cristina Chau

Nació en Panamá en 1971. Es Poeta y narradora, galardonada con el Premio Nacional de Poesía Joven Gustavo Batista Cedeño, el Premio Nacional de Poesía Ricardo Miró, y con el premio centroamericano de literatura Rogelio Sinán. Ha publicado los poemarios *Mujeres o diosas*, *La casa rota* y *La Virgen de la Cueva*, además el libro de cuentos *De la puerta hacia adentro*.

Es docente de la Universidad de Panamá. Ha participado en espacios literarios de toda América Latina y Europa.

EL ALTAR

Si yo hiciera para mí un altar
en una esquina de la casa
– visible, claro está –
para poderlo ver
desde la entrada
y al cerrar la puerta;

si estuviera obligada
a colocarme flores,
frutos frescos,
vasos con agua, joyas,
y una que otra seña
de las cosas que quiero;

si yo me viera forzada
– por razones de culto –
a mantenerlo limpio,
asumiendo a la vez
la tarea de hacerlo
un altar envidiable,
una parada obligada
y que los visitantes
mirasen de reojo,
con cierto respeto
y reverencia
ese altar

endiosado
conmigo en el centro;

si yo lo hiciera,
me rendiría el tributo cotidiano,
me pediría cosas imposibles;
si me las concediera,
me daría las gracias
incontables veces
me compraría regalos,
me otorgaría un diezmo,
saldría a buscarme más flores,
más candiles,
no dejaría que nadie
ignorase mi presencia,
mucho menos negarme,
descreerme,
insinuar que no existo,
dudar de mi poder,
olvidarme.

Si yo creyera que existo
que soy
por lo menos una diosa,
viviría en ese altar,
pero saldría
todo el tiempo a pasear
entre los vivos.

LA NEGRA

Hay una negra detrás de mis años
que mueve mis caderas cuando bailo.
Hay un hechizo que sucumbe a mis ojos:
la magia de la isla y el continente.

Me rindo con mi pelo rizado,
no le doy vueltas a mis labios carnosos.
Cualquier clase de tambor me pone el toque,
yo le contesto con aromas diferentes.

Diosa, cumbia, samba, mambo,
no tiene nombre todo el ashé que enciende.

Acá llegó mi mamá diciendo que era blanca,
y nadie le creyó cuando nació la negra.

ADIOSES A LAS DIOSAS

La presintió diosa
y tuvo miedo;
la descubrió rotunda,
la intuyó perfecta,
y quiso oprimirla bajo el tono de su voz.

La sombra de su cuerpo infinito
lo sumergió en el miedo.

Toda su fuerza poca
ante el destino,
yugo maldito de sus labios,
perdición de mirarla,
voz arrogante –aún cuando tierna–.

Muerte a cada momento en ella,
muerte con su orgullo,
con su ardor de estrella;
contra su llanto, piedra
sus hijos han de ser también
su condena.

Ya están en casa,
odiando a sus ancestros;
ella cocina entre culpas,
él mata cada instante
con indiferencia,
ella acaba por negar su origen,
él ha matado a la diosa,
y oculta su llanto
debajo la mesa.

BIOGRAFÍA

No nací del amor, sino del miedo.
Mi primer arrullo fue el llanto materno.
Tuve por hermanos a dos ancianos que contaban historias inventadas
y a tres hermanas nacidas en vidas pasadas,
siempre intentando olvidarlas.

Mi padre fue capitán de un barco fantasma,
sus guerras perdidas figuran en los libros de historia
como cataclismos naturales.

Nunca leí lo suficiente,
me dieron de alta cuando aún sangraba.
Cada cierto tiempo ardo en fiebres
en las que perezco.

He rechazado besos a riesgo de ahogarme en mi propia saliva.
De todos mis hijos, sólo uno lleva mi sangre inscrita en la suya;
los demás no me conocen,
deambulan como huérfanos en las calles
y lloran sin consuelo, esperando
-como único alivio-
la desaparición permanente de sus caminos.

Mi nombre es impronunciable,
sigue los parámetros de lo oculto y tiene por fundamento
virtudes aún desconocidas.

Nunca he tenido prisa en confesarme,
todos los días se pueden decir mentiras;
en cambio, la poesía…
Con ella se debe tener cuidado,
porque sus besos no reconocen el miedo
y una se adentra sin reparos
en las aguas de la verdad.

Luis Alberto Ambroggio

Escritor hispano-estadounidense, perteneciente a la ANLE, la Real Academia Española, "Representante destacado en la vanguardia de la poesía hispanoamericana en los Estados Unidos" (Casa de América). Autor de 25 libros de ensayos, narrativa, poemarios, entre ellos: *Estados Unidos Hispano, El testigo se desnuda, Laberintos de Humo, La arqueología del viento* (2013 International Latino Best Book Award), *Homenaje al Camino, Todos somos Whitman, En el Jardín de los vientos* (Obra Poética 1974-2014), *Principios Póstumos*. Antologías: *Al pie de la Casa Blanca. Poetas hispanos de Washington, DC, Antología de los poetas laureados estadounidenses*. Reconocimientos: Simón Bolívar, Beca Fullbright Hays, Orden de los Descubridores Hispanic National Honor Society, Doctorado Honoris Causa Tel-Aviv, Medalla Trilce, Nominado al Premio Reina Sofía, Hijo Adoptivo de la ciudad natalicia de César Vallejo. Sobre su obra, traducida a doce idiomas, seleccionada para el Archivo de Literatura Hispano-Americana de la Biblioteca del Congreso, se han publicados libros: *El cuerpo y la letra* (Mayra Zaleny Ed.), *El exilio y la Palabra. La trashumancia de un escritor argentino-estadounidense* (Rosa Tezanos-Pinto Ed.).

SALVAJE

> *"El salvaje amable y desbordante ¿Quién es?"*
> Walt Whitman

Hay algo que conjura
en la raíz de la palabra selva,
salvaje; desafía
los atavíos ficticios de lo civilizado.

Alguien contó que mi abuela
practicaba la anarquía
yo añoro la independencia desacreditada
de la barbarie,
esa que fue destruida por la conquista,
su sabiduría de piedra,
los templos de su cultura,
su comunión con la naturaleza infinita,
su respiro de ojos puros en el aire.
donde el agua nos toca.

Me escapo a la frontera primitiva
con un cuerpo liberado
de la jerarquía del alma
y todos sus decretos.
Soy nativo en el territorio
de animales y bosques,
montañas, lagos, universo de familia,
pionero audaz de mi propio centro.

¿Qué ostentación civilizada
encarna la guerra?
¿La de los sepulcros, injusticias
y el montón anónimo de crueldades?

Yo, nosotros, todos queremos ser
el salvaje amable y desbordante
que domine la civilización
con conductas arbitrarias
como las de los copos de nieve...
como las *de las hierbas,*
su cabellera sin peinar,
su risa libre, ingenua.

Hostiles solo contra quienes agotan
la bondad de los granos,
los que inmolan la tierra,
las lloviznas dulces.
las mariposas, las flores, sus hermanos,
los que arrancan las páginas afectuosas
del libro ágil del calendario,
los que venden la libertad
con sangre en sus manos.

Anhelamos que nazcan
nuevas formas en las puntas de sus dedos
y que, sin ley, nos amen.

MATRIZ DE LAS SOMBRAS

"Nunca dudo que esa sombra sea yo"
                Walt Whitman (Cálamo)

Deletreo con sombras mi imagen,
hacia adentro y hacia afuera.

Los rincones del mundo se pueblan.

Con la energía opaca del barro
se encienden los cuerpos.

El silencio de los mármoles útiles
pronuncia mi yo secreto y público.

Soy el surtidor y el apogeo de cada uno.
Salgo, voy, vuelvo y me interrogo
en la diversión gris
de un emblema sin precedentes
con la naturaleza sólida y sus nieblas,
con la libertad que nos gasta,
con la desnudez deslumbrada de la creación viva
y el agasajo fecundo de la muerte.

En este instante penetro en el útero emboscado de las sombras.

PAISAJES DE ESTADOS UNIDOS

Si cada ladrillo hablara;
si cada puente hablara;
si hablaran los parques, las plantas, las flores;
si cada trozo de pavimento hablara,
hablarían en español.

Si las torres, los techos,
los aires acondicionados hablaran;
si hablaran las iglesias, los aeropuertos, las fábricas,
si cada surco de este país hablara,
hablarían en español.

Si los sudores florecieran con un nombre,
no se llamarían piedras, sino González, García,
José, Rodríguez o Peña.

Pero no pueden hablar.
 Son manos, obras, cicatrices,
que por ahora callan,
pero ya no. ¡Ya no!

La profecía del mar

A Alfonsina Storni

¿Quién es el mar, quién soy? Lo sabré el día
Ulterior que sucede a la agonía.
                                    Jorge Luis Borges

Habitante libre de tus olas,
las gotas infinitas de tus aguas,
te llaman Lucifer, Satán,
pero Cristo milagrosamente te camina.

Vivo en el mar su argucia
y los saltos felices de mi infancia.

También recuerdo el mar de Alfonsina,
la casa tempestuosa de sus últimos cristales,
cuando decidió dormir eterna
y soñar con ramos de flores de coral.

Conozco las playas de Florida, el Pacífico y el Atlántico,
las del Golfo de México, las de Caribe y el Mediterráneo,
sonrisas de olas amigas, vaivenes de misterio,
que iban y volvían en su travesura.

Nunca pensé que fuesen tristes sus espumas, olas.
Siempre vi la luz en los labios de su forma,

estatuas juguetonas, recostadas,
con salpicones de estrellas
que surgían y se desmoronaban
en la gloria del movimiento entretenido.

Consciencia de inconsciente, el mar innumerable
redime con sus besos de amor y, a veces, de furia.

Galería fluida de metamorfosis, monstruos,
mitos recurrentes, dogma de apariciones,
ser de muchas preguntas,
aliado mágico de distancias, revelaciones.
sarcófagos y cielo acogedor de dioses,
Venus, barcas, peces y otros entes
en tu corazón brillante y oscuro.

Mar, el embeleso de tu amplitud y abismo
predice el ajetreo de nuestra existencia
entre vientos, arenas, sol, lunas
y otros arrullos de vida plena.

Luís Filipe Sarmento

Nació en Portugal, es escritor, periodista, traductor y director de cine. Entre sus publicaciones se encuentran: *A Idade do Fogo*, 1975; *Trilogia da Noite*, 1978; *Nuvens*, 1979; *Matinas Laudas Vésperas Completas*, 1994; *Tinturas Alquímicas*, 1995; *A Ocultação de Fernando Pessoa, a Desocultação de Pepe Dámaso*, ensaio, versão portuguesa e castelhana, Las Palmas, 1997; *Gramática das Constelações*, 2012; *Ser tudo de todas as Maneiras*, ensaio e antologia da obra de Fernando Pessoa no Livro/Cd «Mensageiros», Lisboa, 2012; *Como Um Mau Filme Americano*, narrativa, 2013; *Repetição da Diferença* seguido de *Casa dos Mundos Irrepetíveis*, 2016; *Gabinete de Curiosidades*, 2017, 2018; *KNK*, 2019; *Operação Ulisses*, 2019, narrativa; *Ao Rubro* (Al Rojo Vivo), poesía 1975-2020, 2020.

Algunos de sus libros y textos fueron traducidos al inglés, español, francés, italiano, árabe, mandarín, japonés, rumano, macedonio, turco, croata y ruso. Ha producido y dirigido la primera experiencia de Videolibro hecha en Portugal, en el programa "Acontece" para la RTP (Radiotelevisão portuguesa), durante 10 años. Foto de José Lorvão.

1

La primera luz es nerviosa
en esta evasión al vientre-catástrofe.
El primer fenómeno me captura
la atención: la libertad es un espejismo
del hombre vagabundo.
Y si Trimegisto tenía razón –
si todo como es arriba
es abajo –
la evasión al miedo
será un enfrentamiento histórico
con los secuaces del dinero.
No es una lucha divina
con el nuevo orden mundial:
será el cuerpo a cuerpo
con la supervivencia
en busca de la cuna perdida.

2

Impacto con la gran pantalla
de la superficie. Las cámaras
digitales controlan los gestos,
los detectores de emociones
las agitaciones del hombre que escapa.
La muchedumbre diezmada
por el silencio se esconde
en los guetos del miedo.
La historia se repite
con armas de tecnología punta,
los dictadores sin rostro
intentan aplastar el librepensamiento.
Somos todos judíos, árabes, gitanos, negros, indios
en los mapas de destrucción masiva
de los amos del mundo,
de los masters de los mercados.
No recurren a cámaras de gas
ni a fusilamientos,
nos asfixian con el hambre,
nos acribillan con el impuesto de la muerte.
En cada imagen capturada
por el hombre-reportero
la singular impotencia,
el odio colectivo,
la previsión de una guerra sin límites.
La indignación es hoy un virus peligroso
cuya vacuna será
la reinvención de la libertad.

3

Hay un lenguaje de la superficie
que me seduce, que me intriga, que me captura
en cada evento aparentemente clandestino.
Hay tránsitos de miedo
ajenos a la revuelta de los sentidos
apresados en los caminos
que los condenan a los abismos
abiertos en las ciudades fantasmas.
Hay un rumor de apelaciones
a una revuelta que no violente
el agresor. Dicen que es posible
restablecer la superficie común,
el acceso al mar, al sabor perdido del pez,
al bosque, al humus.
Hay un lenguaje que domina las teclas
de la rapidez al servicio de la bandera
que lidera el retorno
a la creencia de la novela, a la reanudación
del poder de los sueños, a la sorpresa
de los astros, al sonido
de las matemáticas de las ideas
que desvela la extensión impresionante
del hombre como ser
y no como número electrónico
codificado y esposado.
Hay una creencia en el hombre,
en la religión secreta de su existencia.

SOY UN HOMBRE HECHO DE MUJERES EN VERSO

Si digo madre, digo Italia; si digo abuelo, digo isla,
si digo bisabuelo, digo Galicia; si digo tatarabuelo, digo Francia
un tataratatarabuelo en Grecia otro en Damasco;
uno perdido en la India gitana otra en las calles de Palestina
si me remonto a los décimos abuelos soy de todas partes,
vengo de todos los orígenes, concebido en todas las religiones;
vengo de un pirata y seguramente de una puta,
de un marajá y de una cortesana, de una geisha
y de un comerciante de sedas; de una amazona de las estepas
y de un boyardo; de un visir y una poeta,
familia de salteadores en tiempos de los duodécimos abuelos
marineros de las tierras australes, perdidos en los infiernos
de ser gente de mundo y en el mundo parental
arribo después de vicisitudes varias
a esta Lisboa remodelada; en la Mouraria un primo
otro en el Quartier, una prima en el Magreb
otra en Moscú y otra más en el Congo
y miles en Brasil, mi ADN es el mundo,
mis células del universo
soy un hombre hecho de mujeres en verso.
En mis venas hay un refugiado profundo.
Finalmente ¿dónde está mi cuna?

(Traducción de Emilio Muñiz)

Marisa Russo

Nació en Buenos Aires. Es poeta, editora, gestora cultural, docente y profesora adjunta de Hunter College, City University of New York, radicada en EEUU desde 1986. Vivió en Costa Rica entre los años 1981-1986 donde creó en 2015 el movimiento Turrialba Literaria. Es fundadora y directora de Nueva York Poetry Press, sello que fundó en 2018, que en la actualidad cuenta con diez colecciones de poesía y jefa editorial la revista digital e impresa *Nueva York Poetry Review* con lanzamiento en 2020. Su obra ha sido traducida al inglés y aparece en diversas antologías y revistas. Es directora del Festival Latinoamericano de Poesía Ciudad de Nueva York y presidente del FIP Turrialba, Costa Rica. El libro *El idioma de los parques / The Language of the Parks* (2018) obtuvo mención de honor en el International Latino Book Awards –Best Poetry Book- One Author– Spanish, *Jardines Colgantes* Lima Lee, Municipalidad de Lima (2020). Foto de Francisco Trejo.

DIATRIBA CONTRA UN MÚSICO

Cada espacio de este parque
lo ocupan los músicos de tu banda:
una guitarra desespera al silencio,
unas congas desafinan religiosamente,
un cajón peruano no entiende que pitos toca,
un bombo legüero añora su patria,
un teclado sueña una caricia,
una zampoña colgada de penas,
y una flauta de pan te besa más que yo.

Las bancas de este parque reclaman tus pasos.
La que encuentro vacía me cuelga un letrero que dice:
"Ocupado".

Tu quena dibuja fronteras.
Un charango se instala.

Yo emigro a otro parque
con la melancolía del bandoneón.

EL GUANACASTE Y LOS SABIOS

a Teresa, in memoriam

El guanacaste, coronado de quebrantos, le da la extremaunción a sus frutos que cuelgan como orejas. Guarda en su corteza las confidencias de viudas, huérfanos y suicidas. El perfume de sus flores canta las manos de los amantes.

Se despide del cabécar anidado en el tronco del higuerón vecino. Siente la furia de la sierra en la piel y perdona al verdugo que vierte su sangre sobre la hierba.

Bajo su sombra, los niños ya no jugarán a las escondidas. El sacerdote se quedó sin confesar.

Teresa, la loca, suspira: "Amado mío, aquí en esta página del sueño te estaba esperando".

Mi padre ironiza: "¡Qué poca dignidad para un buen rey!".

El pueblo pregunta: "¿Quién traducirá los ecos del volcán?".

Los once sabios, talados ante nuestros ojos, saben que este poema es de esperanza.

MADISON SQUARE PARK

Las ardillas del Madison Square Park reconocen los pasos de Harley y Lucy entre los miles de ecos. La bandada de palomas tiende un manto sobre sus cabezas desde la esquina hasta la rotonda. Una colonia de sombras con cola los adopta. Una de ellas se sube por los pantalones de Harley hasta su hombro, y le cuenta un misterio del otoño. Crujen las castañas en su bolsillo. Le susurra a una colorada: "Tracy, tienes cola de rata, porque te comes las papas fritas de los turistas".

Los ojos claros de la pareja ven a los niños jugar con las burbujas. En el jardín aledaño meditan los chicos del yoga. Escuchan el sollozo de las fuentes y el bostezo de las estatuas que esperan la llegada del sereno.

Lucy pone alpiste en sus palmas y las palomas como manto caen del cielo a sus pies. Unas pocas se posan sobre el piano de un estudiante, siguen la orquesta, y la mano de Lucy les enseña el orden del universo.

Los canes conducen a sus dueños hacia Lucy. Ella conoce el nombre de cada una de las criaturas de su reino.

Harley habla el idioma de las ardillas,

Lucy, el del delirio y el vuelo.

MARLENE DIETRICH

"No puedo evitar dejar besarme fácilmente", escribe en sus diarios de juventud.

Lola Lola atraviesa Tiergarten como un cometa de piernas esbeltas. Cruza el estudio de la Universum Film con zapatos blancos, boina y cigarro. Deja caer las cenizas sin disimular infidelidades. Marlene las junta y se empolva el rostro.

Entretelones es bien sabido que se acuesta con todos, menos con Adolph. Se fuma a los que dicen que ella es la culpable de la Segunda Guerra Mundial.

Marko Pogačar

Poeta de Croacia. Ha publicado once libros de poesía, ensayo y prosa, por los que recibió premios croatas e internacionales.

En 2014, editó la antología de la *Joven Lírica Croata*. Se desempeña como editor de *Quorum*, una revista literaria, y *Proletter.me*, una revista web para temas culturales y sociales. Ha recibido muchas becas, estipendios y residencias en diferentes países, y actualmente es becario del DAAD en Berlín. Sus libros y textos han aparecido en más de treinta idiomas.

La traducción de los poemas de esta edición la realizó Yolanda Castaño y Pau Sanchis Ferrer. Foto de Hilal Kalkavan.

UN HOMBRE CENA CON LAS ZAPATILLAS DE SU PADRE PUESTAS

Ahora eres lo que fueron las fronteras.
era un mayo profundo y plano,
la carretera levantada por las obras, la nieve
seca y de repente.
lo diré abiertamente:
nunca he debido nada a nadie.
me quedé en la puerta, el agua
helada por el miedo me mojaba la espalda.
y cuando cerré los ojos vi
palomitas de maíz corriendo hacia su sal y supe
que a veces ennegrecen por la noche, como caquitas de oveja.
entré para enfrentarme a la torturante imagen:
no el amor, la estupidez, la estupidez es el corazón del mundo–
y ahora estoy dentro comiendo y llorando con estas zapatillas puestas,
sólo como y lloro en esta casa.

PLAZA DE SAN MARCOS

Algo está pasando, pero no sé el qué.
un pecho expandiendo y contrayéndose,
las paredes venosas constriñendo, esas ranuras, glándulas,
secretando un inmenso amargor sobre Zagreb.
así es como está el cielo estos días: una pesadilla
sin rastro alguno de santidad. un bloc en el que muchas cosas
han sido y no han sido dibujadas, el rumor
de millones de piernas en movimiento.
pesadilla, repiten voces, pesadilla
repites. rayas afiladas por las que la lluvia
desciende a sus regueros; uñas, seguramente uñas.
hojas trenzadas alrededor de los pulsos, porque es otoño y estas cosas
pueden ocurrir sin que nada pase. hay agua hirviendo
en ollas. perros florecen en negro. todos los que se me acercan
se acercan a una maldad roma: pesadilla, repito,
pesadilla, repiten. el cielo entero
amontonado en la clavícula, y entre el puro ruido
nadie puede escuchar al otro. todo es nuevo, y todo es
repugnante, todo en Zagreb. ojos, platos, cosas
a través de las cuales nos miramos unos a otros. todo santo, todo cortante
todo perros, todas nuestras densas voces. el discurso
de una ciudad impaciente por morder, pinos, una bandada, algo
en el aire, bajo el suelo, en las paredes; algo
encima de nosotros y en otra parte. algo está pasando,
no sé el qué.

ES HERMOSO

Es hermoso respirar el aire de la primavera sobre el río Soča
sin tener resaca.
absorber las gotas del manantial y fluir dentro de ellas.
sentirse bien es hermoso. tener fuerzas
para abrazar cualquier forma de fe inofensiva para otros
y, precisamente por eso, no tenerlas.
vivir en la calle Bosutska es hermoso también.
tanto como creer que existe de veras.
entrar en la tienda cada mañana para comprar pan, comértelo
encima de periódicos que encontraste en el correo.
es hermoso cuando el correo te encuentra a ti y cuando tú puedes
/encontrar el correo.
en términos generales, encontrar algo es hermoso.
encontrarte una cara conocida cuando pasas junto a un estadio
o una mala universidad es hermoso. el escarnio es hermoso.
encontrar un punto es hermoso.
el untador de mantequilla que perdiste hace tanto tiempo y que
/ahora está aterciopelado.
un batallón de ángeles desfilando bajan sus orejas de hierro
y eso ya está a punto de caer en lo horrible. todo está a punto de
/caer en lo horrible,
y eso, también es hermoso.
despegar un trozo de chicle de la suela de un zapato de cuero fino,
el mal que perturba tu equilibrio y explica el sentido de la gravedad.
Newton es hermoso. Brodsky es hermoso.
las barricadas son el verdadero corazón del arte y eso es
/insobornable.
cuando suena perfecto punk cuando se contempla a Anna Karina

cuando se eclipsa la luna cuando se izan banderas
cuando el Mar Muerto se separa en dos. pasear es hermoso.
/ahogarse también.
lo que es hermoso para mí es peligroso para otros:
respirar con dificultad porque el aire va muy cargado del olor de
/los pinos.
hablar croata. patinar. al contrario, también es cierto.
son hermosas las ventanas que se pueden abrir para tocar las nubes.
el monte Mosor es hermoso.
caminar es hermoso, ascender y creer en la cumbre, saber
el año en que terminó la guerra y la fecha del día de la liberación,
respetar el día de la mujer y el día de la madre y amar las violetas,
quitarse la ropa. caer. estar seguro de que estás cayendo y, de
/pronto, sobresaltarte.
despertar. cortar cosas. disparar innecesariamente largas ráfagas
/de tu nombre,
ser sistemáticamente trágico.

DESPUÉS DE LOS OBJETOS

Con esa velocidad desciende del cielo la nada:
al ayer, a ninguna parte, al nosotros, bosque mojado.
con tal velocidad que la noche no puede llegar
para todo el mundo al mismo tiempo: alguien la apresura
hacia su sitio, hacia sus propios ojos.

todos recordamos a alguien que llegó así, de alguna parte:
de prisión, del cuarto, de una historia. se sentó y,
como si fuese una idea frenética, se abandonó a sí mismo.

en un claro desafío, como flores de hielo se abrían los
objetos. aparecían y desaparecían como
Polonia, en el mismo campo quemado. después había que
recogerlos y dejarlos secar en algún sitio donde el aire
           /y las corrientes
hicieran su parte, donde no hubiese depredadores.

allí se van los objetos, a la nada, a una seca y roma ninguna parte.
yo cuando voy a algún sitio suelo apagar la luz
y pienso que sólo la negrura, tú, ninguna parte,
           /sólo la oscuridad te prueba.
allí tu tiempo asciende en un
cronómetro lluvioso donde la nada
ejercita por la mañana su irrigación y se dilata y se agota.

allí se calla y concibe una regla bien clara: nada se puede
restar a la nada, la nada sólo se suma a sí misma.
los objetos, que en esencia son piratas, siempre ocupan
lo de alguien, siempre lo desvalijan. a la ventana, a la noche,
                              /al nosotros, bosque
mojado donde, como si no pasara nada, respiran,
                              /reverdeciendo las hojas.
después de los objetos vienen otros objetos.

Martín Cálix

Martín Cálix nació en Honduras, 1984. Ganador del XIV Certamen Internacional de Poesía Joven Martín García Ramos (España, 2015). Ganador del XXX Juegos Florales de Santa Rosa de Copán (Honduras, 2016). Es autor de los libros *Partiendo a la locura* (Ñ Editores, 2011, segunda edición para Casasola Editores, 2012), *45°* (Ñ Editores, 2013), *Lecciones para monstruos* (90s Plaquettes, 2014) y *El año del Armadillo* (DIFÁCIL, 2016).

Por su libro *La danza de los papagayos* un jurado integrado por Janet Gold, Helen Umaña y Osvaldo Sauma, le otorgaron el Premio Nacional de Poesía Los Confines 2020. Foto de Daniela Lozano.

8

Entraba el viento del norte a nuestras cocinas, y con él, arrastrándose despacio, como llevando cadenas enormes, venía dejando regada la Vía Láctea por todas nuestras cocinas aquel feroz armadillo.

Fue entonces cuando las viejas de donde nací, cuando entraba este viento, decían que estaban pensando en nosotros los muertos, hacían tres cruces al aire y guardaban silencio. Silencio, era todo lo que podíamos hacer en ese momento.

Ellas arreglaban de prisa sus altares, prendían veladoras y rezaban. Decían que así hablaban con ellos, que nada bueno traía este viento. Luego ellas barrían el suelo con sus largos pelos negros. Sus ojos, oscuros como el sonido de los cadáveres amontonados en las afueras del pueblo, habían quedado fijos en el crepitar de la tarde.

Y en esa tarde sentenciaban ellas que los espíritus que daban felicidad a los nocturnos sonidos del tiempo no morirían. Rezaban: Nacerán nuevamente y volverán a morir y otra vez nacerán. Y nunca, nunca dejaran de nacer, porque la muerte es mentira. Jamás esa promesa se hizo verdad.

Pusimos flores en las ventanas para que la estática no fuera a invadir nuestros corazones. El almendro comenzó a quedarse mudo, de repente ya no quiso dar frutos y sus hojas cayeron todas, el viento, despacio, lo asfixiaba.

Las viejas salieron al patio y todas vieron como el almendro moría. Nadie sabe, solo las viejas lo vieron, pero él fue el primer muerto ese año terrible y frio.

9

La tarde en que murió el almendro una lluvia cayó sobre mi pueblo. Su olor, ahora de muerto, nos invadió por la noche.

El armadillo era un ser alado que iba dejando tirada la Vía láctea por las casas. Entraba por las cocinas y ahí dejaba una estrella gigante a punto de explotar. Pero la primera vez que lo vimos no fue en una cocina, sino matando al almendro de nuestro patio. Y nos quedamos mudos frente a su sombra de esqueletos hambrientos, viendo como lo asfixiaba.

Comprendimos entonces el significado de la palabra muerte con cada hoja que caía de él. Luego de eso todos corrimos a escondernos y vos partiste. Yo tuve que recorrer este territorio vacío en medio de la peor intemperie que jamás vi, buscándote.

El armadillo se colgó de los sueños que teníamos y nadó su sombra entre los restos del amor. La fuerza de su latido era el réquiem de los pájaros de alas rotas en sus secretos de alambres electrificados bajo el tiempo del frio y un inventario del pánico antes de su llegada.

Nos escondimos por temor a su mirada, porque su color nos cortaba la sangre como se abre un hoyo en la tierra.

14

Este pequeño territorio de incertidumbre, adolorido por los escombros de la felicidad y por la húmeda mirada del armadillo es devorado de repente.

Desde sus entrañas salen los hijos blancos de las arenas. Las almas de los árboles son pequeñas aves de vuelo esparcido por las pestañas de una mujer hambrienta.

La lluvia de muertos invadió la ciudad y los edificios empezaron a romperse.

La lengua de las iguanas se ha secado de tanto lamer la vorágine y el recuerdo del frio, ahora todo yace en una pequeña desolación ubicada en la boca del estómago. Se ha escrito la palabra "miedo" como primer registro de un nuevo alfabeto, nos heredaron la muerte y de ella hemos hecho una casa para habitarla en medio de un sueño.

Las ancianas vieron el cielo y callaron, una luz profunda atravesó sus corazones, y ardieron todas, nuestras memorias incendiadas, la piedra solar que anclaba nuestros cuerpos a la tierra, y desde ese día comenzamos a flotar en la oscuridad.

15

Iba dejando la Vía Láctea regada por las cocinas. Iba barriendo las cosas hermosas para borrarlas. Solo él podía hablar con el fuego.

Corría el año del armadillo, corría tan de prisa con su sombra de esqueletos hambrientos que el mundo está de luto desde entonces.

Cayeron mil almas con sus rostros a enterrarlos en el suelo húmedo.

Después de la muerte de todos los brujos, nadie más supo cuidar a los muertos, y los perros entonaron sus ladridos para acomodar los cuerpos en el cementerio.

Terminó así la más profunda contemplación del frío y la última lluvia del año se precipitó sobre nuestra ternura.

Melissa Merlo

Es poeta, narradora y ensayista de Honduras. Entre sus obras destacan *Para amarte, la palabra*; *Chemins en résistance*; *Antología del Cuento Hondureño del Siglo XXI*; *El arte de esconderse*; *Kaya Awíska*; *Antología del cuento hondureño*; *Sin Fronteras: Antología de Poesía Latinoamericana*; *Ecos: Antología del cuento universitario*; *Honduras sendero en resistencia*; *Color Cristal*; *Poesía hondureña en resistencia*.

Es catedrática de la Carrera de Letras y Lenguas de la Universidad Pedagógica Nacional Francisco Morazán. Miembro de la Unión de Escritores y Artistas de Honduras.

ÁNGEL DE LA NOCHE

La noche le viste las pestañas,
y los labios la luna.
Le espera la esquina
de la ruleta rusa
que gira a toda prisa
en su viaje al olvido.

Las baldosas abrazan
el eco de sus tacos altos.
Un cinto de cuero
le aprieta el hambre
y una minifalda
invita las miradas.

Cualquier postor
da el precio de la noche.
Alma enjuta, corazón ausente,
asiento trasero, motel, esquina,
medias rotas, sangre, sida.

Sigilosa la mañana
la lleva a casa.
Un beso de ternura y balbuceo
la recibe ansioso.

Pan y leche en la mesa.

IMPRONUNCIABLE

Tu nombre impronunciable se pasea
por los pliegues sudorosos de mi cama.

Flota sin eco en el espacio acanalado
de mis cortinas rojas.

Se duerme acurrucado en mi boca.
Ni mi alma se atreve a pronunciarlo.

Se desliza inundado de silencio
entre la red de mis cabellos.

Tu nombre, afónico en mis cuerdas,
se convierte en una mueca
de labios sordomudos.

Se ahoga en la voz oscura y solitaria
de esta noche que te extraña.

XI

Sombra de acacia florecida
se posa en mi cuerpo
y detiene mi paso urgido
al día que comienza.
La piel de mi alma
absorbe el anaranjado aroma.
Atrae mi vientre hasta su tronco, áspero de amor.
Sus ramas levantan mis brazos,
mis cabellos
se enredan en sus hojas,
en mi espalda desliza sus flores.
Y somos uno.

XVII

Regresa el alma
a las entrañas del hombre.
Se aleja de la mítica luz.
Es aspirada
a bocanadas de angustia.
Se abren los ojos.
Se crispan las manos,
y el sonrojo de la vida
vuelve a las mejillas.

Milena Ercolani

Nació en San Marino 1963. Es una escritora que se ha destacado en varios géneros como la poesía, la novela y la narrativa infantil; además es docente de italiano e Historia.

Entre sus libros destacan: *Fuggendo dal regno di niente, Mareggiate, Donna in mare, Il canto della crisalide, Antologia poetica, Quando ti scrivevo Amore, Coccole di zucchero filato*. Ha publicado tres importantes novelas: *Celesta, Figlie della luna, Angiolino e Maria ... una storia d'amore*.

Sus obras han recibido múltiples premios y reconocimientos nacionales e internacionales y han sido traducidas al español, inglés y rumano.

SINCERAMENTE NOSOTROS

Tal vez llegarán los días
en los cuales regresaremos preciosos
de nuestra libertad
y escaparemos otra vez del prejuicio
que deforma el ojo humano
entonces
seremos como el ala de una golondrina
que parte el cielo
sin pedir permiso
los soles parirán fiestas de primavera
y nadie quedará olvidado
mientras las noches
escaparán insatisfechas.

(Traducción de Teódulo López Meléndez)

8VO POEMA: A LAS 9:20 P.M.

Esa melancolía
que hay dentro de la noche
y me desliza como la punta
de una lanza afilada
atornillada por el arco sombrío
Esa melancolía
que me ama
y me envuelve,
me rompe
y me descompone,
recomponiéndome en el fango de los horizontes,
lejos
aceros oscuros
como la noche ahora avanzada
mirándome,
distante
con sus luces débiles,
su silencio suave,
su quietud sombría ...
Un viento suave y mudo
secuestra las frondas en las cimas
y estoy aquí, en lo alto, abandonada
 a las caricias de esta soledad absoluta.

(Traducción de Francesca Randazzo)

COMO CUANDO TE AMAMANTABA

A través de la boca el mundo entra en ti,
ese mundo que te ha herido,
lágrima negra sobre un corazón bermejo

A través de la boca
la vida entra en ti
y quisieras vomitar el dolor,
no sostener el peso
de una roca difícil de digerir

A través de la boca
quisiera entrar yo también
de nuevo en ti,
alimentar tu hambre de amor
como cuando te amamantaba serena
filtrando para ti el mundo
…pero tu boca es libre
de beber la vida
escupiendo al gigante que te oprime

¡Bebe, mi amor!
¡Bebe, alma adorada!
Nútrete con el poderoso fruto de la tierra,
vitaliza tu cuerpo de guerrera
y sé fuerte,
mata al gigante… no con tu boca,
mátalo
¡con tu pie!

(Traducion de Martha L. Canfield)

EL CANTO DE LA CRISÁLIDA

I

Me levanté de mañana,
me vestí con la luz,
envuelta en un cálido tejido,
fajada con cintas de sol.

Mi desnudez,
cubierta con un hilo de plata,
ya divisa el mediodía,
un aura punzante
me sacude los miembros
y doy voz a mi canto,
no es un canto adventicio,
es un canto de acción:
¡A las armas, guerreras!
¡Que comiencen las danzas!
Tengo espadas de plata
con los puños de oro.
Serás traspasado, dragón,
y cuando yo sea mariposa
volaré encima de tu cabeza cortada
para chupar los humores
de tu cuerpo herido,
misceláneas de sangre y vida
ofreceré a la savia de las flores,

surgirán vástagos en el aire circunstante
y yo seré una mariposa, por fin mariposa...
Iluminante y excéntrica, con las alas tendidas
y el instinto del vuelo.

II

Todavía estoy aquí adentro,
ya el lucero desciende
y la luna, señora,
cubre mi manto:
hace frío, está oscuro...
¿Seré todavía mariposa?
Espero en silencio
deseosa de luz,
pero tengo las cintas doradas,
la desnudez no ha sido ofendida,
ahora me preparo para dormir
y me rindo a la noche...
Mañana seré mariposa.

(Traducción de Martha L. Canfield)

Natasha Sardzoska

Escritora, traductora poliglota, antropóloga de Macedonia. Ha vivido y creado en Paris, Lisboa, Stuttgart, Milán y Bruselas. Es autora de los libros de poesía: *Habitación azul, Piel, El me haló con hilo invisible, Agua viva, Coxis*. Ha publicado poemarios en Italia y Estados Unidos. Su poesía es publicada en revistas y antologías en varios idiomas del mundo. Ha participado en muchos festivales entre los cuales: Festival internacional de poesía de Medellín, Ars Poetica de Bratislava, Parole Spalancate de Génova, Monsoon Verses de Kolkata, Sha'ar Helicon en Tel Aviv acompañada por saxófono, contrabajo y danza contemporánea. Ha recitado su poesía en el museo Revoltella de Trieste y en la Academia de artes en Berlín junto a música y danza jazz. Es la única traductora al macedonio de Pasolini y Saramago. Su poema "Muñeca de cuerdas" es publicado en la Antología internacional contra el abuso infantil.

EN LA MISMA LÍNEA

en la misma línea
en la misma posición
al lado de la misma pared
tal vez dormimos
al mismo tiempo de la noche

sin embargo, todo es diferente
y todo es nada
desde que yo no soy una asesina
y ni siquiera tu eres
el hombre
que conocía bien
mis rodillas

PIEL

Hojas amarillas sobre tu piel
poros rasgados de un calor incomprensible
labios agrietados y
un valle hinchado
de pensamientos y tetillas
Yo digo
estás sola
o el tiempo se está alejando del reloj aceptable
y oigo cómo se deslizan sobre las capas pálidas
gotas lágrimas secreción vino.

Pero no es la primera vez
es un retorno constante
y desconcierto antes de la elección
que no quieres aceptar
cuando llegue este momento este otoño
en tu piel
en una inundación de
espacios
inadecuados
indecentes
indignos

ÁRBOL DE INVIERNO

Fuego frío en el bosque
cáscaras crudas
sobre el margen de esta ventana
veo
y me lanzo estremecida
sin pensarlo
a ese espacio ardiente
que me renueva
y quema y me retuerce
desde los huesos
hasta las entrañas
y grita sin mi nombre
sin tu reconocimiento

Me ofreces un puñado de trigo
y me escupes vino en la boca
Tú, mi raza mi armadura
mi angustia cuesco lleno
desarraigadas fajas
secas de ardor
Tu
piel
sobre mis pies

DIAMANTES

vos y yo
dos grandes silencios en el mar
dos manos que no tocan
pero alcanzan

caminamos en la estepa de esta ciudad
salvajes por la desobediencia del mundo
cosechamos la aguda brillantez por adentro

para encontrarnos
para limpiar todas las manchas
para destruir todos los mundos en un respiro
para cristalizar las gotas de nuestros cuerpos

vos y yo
dos grandes silencios en el mar
dos manos que no tocan
pero alcanzan

Nigar Hasan-Zadeh

Poeta y académica de Azerbaiyán. Es filóloga de la lengua y la literatura rusa. En 2009, fue elegida entre las 10 mejores poetas que viven y trabajan en el Reino Unido para ser grabados en los archivos de sonido por la Biblioteca Británica. Es autora de 5 libros de poesía.

Los poemas de esta edición fueron traducidos por Alexander Selimov.

Delirio sin sentido
 (fragmentos)

    1

El día viene como un huésped en tu casa,
pensativo, beato, largamente esperado.
El día sin joroba
que acepta las heridas impotentes
en su espalda desnuda.

El día de la sabiduría -una alusión merecida-.
El sudario ciego recupera la vista
comprendes que has aprendido tu lección,
la riqueza: el tiempo, un hijo y las canas.

Y no hay miedo, ni vergüenza
¡tranquilidad!
y el mundo está en la mirada de las lluvias que respiran
y el cuerpo que se parece al aullido
nocturno… y el encaje de las pasiones,
obediente.

Y el mundo entero como saliva transparente
entrará en ti en una sola bocanada.
Llegará aquel día cuando tú mismo
querrás entrar en tu casa…
    para quedarte allá… y encontrar la respuesta.
El silencio mudo descubrirá
que hay día… hay noche…. el resto es una divagación
y este mundo, la saliva bajo la lengua.

2

Hay personas tijeras y personas auto formadoras,
hay guillotinas, horcas y bloques de ejecución,
hay personas que sacan la bazofia,
y soplan para fuera la memoria, el polvo y las cenizas.

Todos respiran el cielo, hinchando los pulmones,
todos llevan la piel como capas ligeras.
Nacen y se marchitan sigilosamente.
Todos tienen granos accidentales.

Pero alguna vez ocurre, como un regalo,
la lluvia de otoño, en la primavera, bajo la nieve…
entre los patios, jardines y arcas anticuarias
y nace un Hombre.

No llama la atención, tal vez su voz no truena
no ostenta riquezas y tal vez, tampoco, inteligencia,
tiene unos veinte años o tal vez cuarenta
y lleva encima toda su riqueza.

Es el que te sonríe al encontrarte
y te abraza sin tenerte miedo,
en sus ojos, el universo y las velas
más de una vez quemaron el cosmos
y las pupilas.

Es el quien cree en el sentido y en los augurios
bromea, además, y calla en serio.
Bebe el vino, come caramelos amargos
se quita los zapatos sin temer astillas.

Se siente más cómodo sobre el rocío y el viento
¡Con cuerpo y el alma, de cara en cara!
A todos forasteros les da un saludo
y a los que ama, un anillo mágico.

Hay personas que son como tijeras y otras auto formadoras.
Todos llevan su piel como capas ligeras
pero hay quien vale en esta vida,
respira en algún lugar cercano… búscalo.

5

Hay tantas reglas y jueces
en esta vida tan corta y frágil
mandan a los vivos a los altares de sacrificio
por un gesto, una mirada, una voz pura.

Y ponen sus cabezas bajo las espadas
de las ideas y constituciones ajenas
cuerpos que no se atreven acostarse
debajo de los abdómenes de la prostitución.

Todos bailan a la ronda entre llanto y risa,
todos leen la verdad en voz alta,
claman por la virtud ante el pecado,
algunos después de la muerte, otros, al nacer.

Caen las estrellas en el cielo,
sobre la tierra y sobre quienes sobrevivieron
los techos arden
bajo los besos de las estrellas
y techos en rezo.

La luz de vidrio de las lámparas
acaricia las pestañas dormidas
aquellos ojos en los que está el jardín eterno
donde el aire es fresco y las aves, vivas.

La angustia vuelve
todo va al revés… sin dejar rastro
y el corazón construye a escondidas
palacios de arena para la alegría

Las estrellas caen del cielo…

8

Estos dedos no son dedos son plumas
las manos, raíces, el pecho, tintero…
El cuerpo esconde al animal hambriento,
para que no se atreva morder o lamer…

Cientos de años lo persiguen
por diversión, para festines suntuosos.
Rescato a la fiera,
pero se escucha su gemido
por causa de las suturas plásticas finas.

El pelo de punta, las pesuñas desgastadas
arañando las costillas desde dentro.
En la mirada, el dolor o el miedo.
Él teme el viento frío
en el corazón, en los pulmones, en las orejas de fiera.

Habrá que pagar un precio
para que el viento no lo libere esta noche.
Yo escondo la naturaleza animal
protejo los costados de la luz
con la carne de mujer que es más transparente que la seda
decorada con el polvo y el sueño.
No hay sentido en esta vida,
el tiempo fluye al revés.

Todo pasará. Los instantes se ahogarán
se estirará la piel, caerá la nieve.

Tendré que matar la fiera inofensiva.
Para que sobreviva el Hombre en mí.

Osvaldo Sauma

Nació en Costa Rica en 1949. Es uno de los poetas centroamericanos más apreciados por la calidad de su obra. Ha publicado los libros: *Las huellas del desencanto* (1983), *Retrato en familia* (EDUCA, 1985, Premio Latinoamericano EDUCA), *Asabis* (1993), *Madre nuestra fértil tierra* (1997), *Bitácora del iluso* (2000), *El libro del adiós* (2006), *Bitácora del iluso / Chronicle of the decived* (2009, traducción: Ricardo Ulloa. En el 2013 obtuvo el Premio Nacional de Poesía Aquileo J. Echeverría con el libro antológico, *La canción del oficio. Poesía reunida* (2012-1983) y *poemas inéditos* (2013).

En Bogotá, Colombia publica: *Poesía reunida* (Común Presencia Editores, 2013), en Milano, Italia: *Utopía del solitario* (Rayuela Edizioni, (2014) Traducción: Zingonia Zingone), en Sevilla, España: *Terapia de locos. Antología poética* (Ediciones de la Isla de Siltolá, (2017), en Tolima, Colombia: *Doble fondo XIV. Antología poética* en coautoría con Manuel Pachón (2018) Biblioteca Libanense de Cultura). Su obra ha sido traducida al inglés, al italiano, al francés, al portugués, al árabe y al hindi.

INFORME DE LABORES

en este cuarto entran y salen
los silencios a su antojo
no al mismo tiempo
pero a su antojo
los ruidos de la noche
las voces vecinas
el trino insistente de los pájaros
entran y salen los amores a su arbitrio
entra y sale la soledad cuando le place

es pequeño
pero en su atmósfera
el mar revienta contra la tierra de la Luna
y cada mujer regresa
con una llama azul de entre las sombras

algo de cadalso
de mortaja de última morada también tiene
por eso evito cruzar las manos sobre el pecho
cuando la desidia me retiene sumiso a los cielos rasos

sobre la cama
en posición de loto
escribo lo que escribo
juego al solitario
convoco a una mujer que me acompañe
en esta barca a ras de suelo

y zozobre conmigo
en un abrazo que termina siempre
en el propio silencio de uno mismo
en el propio silencio de este cuarto

LA RESILIENCIA DEL INSOMNIO

esta cama es un barco
no se hunde ni zozobra

como un kayak
da vuelta sobre sí misma
y sigue a flote
a pesar del arbitrio
de los vientos
y del trasfondo
de las corrientes subterráneas

navega
a la deriva de su albedrío
entre el torrente
de los remolinos y encima
de las profundidades traicioneras

no busca puerto alguno
pero echa anclas al borde
de todas las islas solitarias

viene de vuelta
de todos los océanos
de todos los fracasos
de los estrechos dudosos
y del mare nostrum

este barco
lleva tatuada en la proa
la musa de las ficciones
y el viejo asombro de los dioses

A SOLAS EN CASA

no quiero mover un dedo
me abandono
me ensimismo
me fugo del devenir y del progreso
me oculto en los armarios de la infancia
en la cueva del autista

prueba de ello son las colillas
que deja por todas partes el desasosiego
esa ropa colgada en cualquier puerta
los trastos neciamente sucios

no es mentira esta abulia
estoy cansado de mí y de los otros
de los muertos del día
de los impuestos que suben
de los salarios que no alcanzan
de la impunidad que siempre
protege a los políticos
de no ser yo
de no poder vivir como en mis sueños

CAUTIVO DE SÍ MISMO

un hombre hace trillo
sobre el mosaico

cautivo de sí mismo
va de un lado al otro
de la buhardilla

un hombre
está a punto de sucumbir

y su necio deambular
lo sostiene en vilo

terapia de los locos
o los desvelados del reino
en su afán
de evitar el descalabro
en ese ir y venir
rumiando
el propio escozor de su amargura

Rafael Soler

Nació en Valencia España en 1947. Poeta, narrador y profesor universitario. Tiene publicados cinco libros de poesía: *No eres nadie hasta que te disparan* (2016) *Ácido almíbar* (2014) premio de la Crítica Literaria Valenciana, *Las cartas que debía* (2011) *Maneras de volver* (2009) y *Los sitios interiores* (1980) accésit premio nacional Juan Ramón Jiménez, y las antologías *Leer después de quemar* (2019) *La vida en un puño* (2012) y *Pie de página* (2012).

Como narrador ha publicado seis novelas: *Necesito una isla grande* (2019), *El último gin-tonic* (2018), *Barranco* (1985) *El sueño de Torba* (1983) *El corazón del lobo* (1981) premio Cáceres, y *El grito* (1979) premio Ámbito Literario, y dos libros de relatos. Obra suya ha sido traducida y publicada en inglés, italiano, húngaro, rumano, y japonés.

DISCURSO DEL REGRESO A SOLAS

Del tronco aquel, de mis caminos,
quedará un soplo de hiel,
viento del norte que llaman tramontana;
quedarán las voces olvidadas
la escueta sombra de mi higuera predilecta
pálida de soles
temblando de abandono su tronco amable y viejo
cuartel general de la merienda
y paz a los malditos que osaron robarme los tebeos.

De aquella tarde
vestida de anguilas y de cañas
quedará
el leve trozo de un paisaje,
la charca que habitaba el caracol hasta septiembre
plantado en su roca submarina
(y luego moría de sal y de tristumbre).

Del mero y su pupitre, del blanco revuelo
que ataba la trenza a tu vestido;
del frío que nunca llegaba por las noches,
del alacrán temido, abominable;
del beso tapado con la almohada y dentro del bolsillo
de aquel amor inmenso
quedará
eso que somos, lo que vuelve.

Y sin embargo, remember:
el pájaro, las barcas, tú,
princesa, habitantes del mundo que he perdido
viviréis para siempre bajo llave
atentamente míos.

METABOLISMO BASAL DE UN EDIFICIO ADOLESCENTE

Nacerás cuando ames
y por amado tomarás posesión de cuanto venga
con esa solvencia del que ignora
que habla por él un ignorante

pero ahora
que tiene tu latido
el peso de un discurso

ahora que no has pedido nunca prórroga
y no eres todavía un asunto general
un pie de página en cursiva

ahora que de glándulas opíparas colmado
te basta con salir al mundo
para salir del mundo

y la verdad de un colibrí no es suficiente

lánzate escúchate atrévete
cuando enciendan la luz
y justo a tiempo empiece el infinito.

MANUAL DE CAZA

Emboscado en el mechero que ofrece lumbre
y pide compañía
observa bien sus piernas y la forma
de acodarse en la barra
el único lugar al que volvemos siempre
con una historia nueva

deja que tu vista suba y baje del tobillo a la cintura
hasta alcanzar sus ojos sin descubrir los tuyos

pide algo de música nunca un tango
ni boleros que arrebaten
cualquier compás antiguo os permita
sonreír al enigma

y no te escandalices si al final son treinta mil
copas aparte.

UN POCO MÁS DE ELLA

Inventa un ángel y cédele tu asiento
a la hora del martini y de las prisas
en esta plaza con más bancos que palomas

busca luego un nombre adecuado a tu impostura
y escáncialo con devoción sobre su pelo
evitando una caricia que rompa el sortilegio

disfruta así el instante que brinda tu osadía
y no abras el periódico ni consultes el reloj
dos hábitos tristes y fuera de lugar
ante un escote de alas blancas que te observa
con la atención de quien afila un lápiz
y cortés alza las cejas cuando al fin se descruza
con esa lentitud que sólo tienen ellas

quizá se llame Lola tiene un lunar una bufanda
    y no volverás a verla nunca.

René Morales

Nació en Chiapas, México en 1981. Ha publicado los siguientes libros *Espacio en disidencia* (Praxis: 2006: México-Guatemala); *El bestiario del perro* (Literal: 2009: México); *Radiografías* (Catafixia: 2010: Guatemala); *Notas sobre el fin del mundo* (Public Pervet: 2011: México); *La línea blanca* (Public Pervet, La regia cartonera y Pirata cartonera: 2013, 2014, 2015: México, Ecuador); *Carne* (Public Pervert: 2015: México); *Triliogía de la violencia* (Metáfora: 2016: Guatemala); *Texas, i love you* (Anónima: 2018: México); *Luz silenciosa bajando de las colinas de Chiapas* (Editorial cultura: 2019: Guatemala).

En el 2014 fue becario del PECDA-Chiapas en la categoría poesía jóvenes creadores, fue beneficiario del programa jóvenes creadores del FONCA en el periodo 2014-2015, en 2019 fue seleccionado como creador con trayectoria del proyecto PECDA-Chiapas. En 2018 ganó el premio internacional Luis Cardoza y Aragón entregado por la Secretaría de Relaciones Exteriores de México.

EL GUARDAGUJAS

Hay un momento justo antes del final Antes de los sarcomas
y de las ulceras bucales

En que todos los enfermos
parecen tan bellos
como gorriones alocados por el celo

Una belleza apenas perceptible
se escapa de las manos de la muerte
para desparecer después en cuestión de horas

Mientras la tarde sigue ahí con su ritual eterno

Manchando con una cruz enorme de sangre

Todas las ventanas de este pueblo inocente

LA VIDA FELIZ

Hace varios días que te veo dormir
y me imagino que sueñas
con un manzano verde sembrado en las tierras altas
con un potro blanco que sale corriendo intacto de la niebla

Todos estamos aquí esperando
que anuncien una vacuna

No te desesperes
hoy de nuevo te acaricio el sexo

Hoy he decidido escribirte estos versos de carne y leche

que te harán creer que solo por esta noche

nos hemos librado de la muerte

**

Se enteró que estaba enferma y se subió al tren, en el fondo parecía que siempre lo había querido hacer, dijo que regalaría la enfermedad a todo aquel que no la conociera, que no dejaría que el mundo se privara de tan grandiosa experiencia, que la muerte tendría que ir a pastar a todos lados, que llevaría esa partícula del final de los tiempos hasta el último rincón, que le regresaría a los gringos alguito de lo mucho que nos habían regalado, que si de casualidad preguntaban por ella que dijeran que simplemente se había ido siguiendo a un muchacho, que se había aburrido del pueblo, que siempre había querido conocer Houston, que siempre había querido tocar la nieve.

1994

Puerto Arista aparece entre las arenas grises de la costa chiapaneca, el calor es la única estación del año, la sal matemáticamente desde hace mucho tiempo destruye las cubiertas de los barcos y parte del encalado de las casas, una infinidad de aves y perros callejeros viven de las vísceras que dejan tirados los pescadores en la playa, las mujeres por las mañanas aparecen como fantasmas para vender fruta y comida de un aroma dulzón, el sonido de la madera podrida acompaña los gritos de los campesinos ebrios, pareciera que el pueblo en su ingenuidad estaba destinado a esta enfermedad que arrasaría con todo

Algo al fin pasaría en esta esquina del mundo

Rommel Martínez

Rommel Martínez nació en Comayagüela, Honduras en 1989. Ha publicado el libro *A712 [para leer de viaje]* (Editorial Universitaria UNAH), algunos de sus poemas aparecen en revistas digitales e impresas. Ha participado en festivales, encuentros literarios y en algunas antologías dentro y fuera de su país.

Su trabajo poético saltó a la escena por su libro *A712 [para leer de viaje]* que recibió el Premio Nacional de Poesía Los Confines 2018. El jurado estuvo conformado por: Helen Umaña, Juan Carlos Mestre y Leonel Alvarado.

PARÁBOLA

∩

Todos corren desde la lluvia que levanta, el olor del polvo humedecido con el suicidio de un lugar en la memoria. Exoplanetas gritan las líneas de la relatividad y el tiempo, las hacen llegar a mí, tangentes me dicen, y me tocan luciérnagas proyectiles, me acarician hembras rape trayendo la luz también desde el fondo, del profundo azul que es mi corazón, profundísimo risco donde alguna vez unos enamorados primigenios decidieron argumentar con la vida, la eugénesis de la muerte. Todos corren, tropiezan con la luz que cae, sacuden la sorpresa de la guerra contra la existencia. Todos corren y deciden descansar como estatuas diseminadas por el desierto ideológico que es la ciudad efervesciendo. Veo el neón en las nubes, yo vuelvo a casa se dice, a cualquier lugar espero, más no a la casa de mis sombras. Todos corren; también tiemblo por mi cuenta bajo la lluvia de las luciérnagas, desde que entendí la espiral del frío.

ÚLTIMO VIAJE
(Fragmentos)

Peleo con la sombra de un relámpago

Y todo suena mucho
Como un río;
El efecto alucinógeno del atardecer
Establece un aleteo en mi mente
Algo así como una mantarraya
Diseñando sus olas cósmicas en mis recuerdos,
Y todo me sabe mucho
A un río

Soy el unísono
Revotando entre los límites las nubes
Soy un pastel pequeño
(al menos lo fui en un tiempo)
Spaghetti por su puesto
Alimento desde el hambre
A todo el agujero de la noche, voy

Soy
A través de mis lentes oscuros
Alguien tan parecido a todxs pero no muchxs lo saben
Ni siquiera yo,

Y las cosas
Nacen como un río
Los pastizales sobre el ocaso
Dan sus últimos pasos entre la memoria,
Hace calor
Pero sólo es el recuerdo del frío
Que enmudece la palabra
Coqueta
Fina
Portentosa
Y todo escrito continuo es como los surcos del universo en el cuerpo
Amenazando
Creciendo
Como un río

Un fotograma incrustado en un film profético
Y mi sombrilla afuera
En el porche
Escurriéndose de sol,
El incendio y el abismo son un grafito en mi mano
Transcribiendo el sueño y el fruto de las aspiraciones;
El eco nuestro de cada día
Es un río que crece
Crece
Crece
Crece

Tallos de algodón
El misterio de una herida que sana
Pero no cierra.

Soy un síndrome de la eternidad
Mermado por la carne

El paraíso filosófico es una trampa moral
Y tengo nidos de pájaros en mi espalda
Pájaros inspiradores de espanto
Y devoción al caos,
El reflejo está desnudo
Como el color de mi carne.

Soy un verano atrayendo la constelación de la lágrima

Los perros salvajes del sueño
Son la maravilla del equilibrio
Carbón encendido bajo el tierno chirrear de una lluvia
De gránulos y partículas
De flores con oxido y hongos atómicos:

Un ángel
Un ángel podrido me visita
Al estar fuera de contexto
Y escucho un blus con rock and roll
Desde las fauces del olvido condescendiente.

Si intento descifrar mis pasos
Lo que analizo luego
Es algo muy parecido a mis huesos hechos polvo.

Siempre hay una damisela en peligro
Cuando me desequilibro
Y debo admitir que no siempre escribo para encontrarme
Sino para tenerte cerca

Los muertos danzan
Y sueñan profundidad
En la memoria de Dios.
Desde el Erapuca hasta el mercado de los Tolupanes y los Lencas los domingos
La montaña humea nubes
Y hay unos pájaros azules y marrones
El río y el viento
Una población escondida en los árboles
Pino

Roble

Palabras como animalejos que acribillan las sombras

Hay unos testigos y la gente

Palabras

Intercambios de cosas moleculares

La vida

Existe el amor en el amor,

La luz a través de las hojas de los árboles

Caminos

Tierra

Aullidos

Y una fuerza natural

Las lenguas hablando un lenguaje puro

Un lenguaje que la humanidad pronunciará por los siglos de los siglos hacia el futuro.

Samantha Barendson

Autora de poesía y novelas, Samantha Barendson insiste en provocar encuentros con los demás artistas sean estos poetas, músicos, pintores o fotógrafos. Le gusta declamar, performar o cantar en el escenario.

Forma parte del colectivo *Le syndicat des poètes qui vont mourir un jour* (La unión de los poetas que algún día morirán) cuyo objetivo es difundir la poesía para todos y por todas partes. También forma parte del colectivo *Le cercle de la maison close* (El círculo del prostíbulo), el cual propone acciones artísticas uniendo poesía, música y artes plásticas.

Desde el 2016 Samantha forma parte del proyecto *Versopolis* que organiza varios festivales de poesía por toda Europa. Entre sus obras destacan *Le citronnier*, Editorial *Le pédalo ivre*, Lyon, Francia, 2014 (Premio René Leynaud 2015), *Le combat*, con el poeta Jean de Breyne, Collection Duos, Estrasburgo, Francia, 2012, *Los delitos del cuerpo – Les délits du corps*, Christophe Chomant éditeur, Rouen, Francia, 2011, *Des coquelicots – Amapolas*, Le pré # carré éditeur, Grenoble, Francia, 2011. Foto de Tanguy Guezo.

LOS DELITOS DEL CUERPO
(Fragmentos)

I

Me enamoré de ti hace treinta años
de aquellos poemas que escribías
cuando yo apenas nacía

Me enamoré de aquella foto tuya
con la pinta del momento
de aquel cabello largo
y de tu barba

Y de repente
con este abismo
entre nosotros
con tu vida
dos veces
como la mía
¿Qué hacemos?

Paso las noches despierta
a buscarte entre las líneas
Paso los días despierta
a esperar aquellas cartas
donde aprendo
a conocerte

donde entiendo
cuánto te quiero

¿Por qué no me has esperado?
¿Por qué te has fumado todos esos cigarrillos
en noches blancas
de París
escuchando discos rayados
en alfombras polvorientas
de un pasado
sin mí?

Me enamoré de ti hace treinta años
abrazo la noche
Y pregunto
¿Dónde estás?

II

Huelo tus versos
hundida en la noche

Huelen a cigarrillo
a luz apagada
a sudor caliente en sábanas frías
a sexo de hombre y de mujer
a pinos a sol
vino y sobremesas

Huelen a tiempos pasados
de aquellos que escribes
y que ya no son
A noches de jazz
en pisos con humo
A güisqui
acompañando a Bach

Huelen a ti
a tu piel helada
de no estar aquí
a texto desenfrenado
a orgasmo de papel
a luz prendida
para ver tus ojos

Huelen tan fuerte
que no se me despegan
Aquellos versos tuyos
escritos para otra

Leo tus versos
en la noche hundida

Apago la luz

III

Habíamos hablado
de aquel cantante
muerto de haberse quemado
las alas
en alcoholes
desamores
y poesía

Habíamos hablado
de cine
películas en blanco y negro
actrices que despiertan
erotismos
con guantes
y pestañas

Habíamos hablado
de aquellos versos lejanos
que partían el cielo
y nos dejaban
a la merced
de la tormenta
empalabrados en la sangre

Habíamos hablado
de un paseo

bajo los olmos
de un París
que ya no existe
en búsqueda de un paraguas
perdido en otros tiempos

No has venido a la cita

En la sala
en la oscuridad de la tarde
estamos sólo yo
y unos cuatro señores
nostálgicos

IV

Tomaré un café en un sitio de otros tiempos
y con el sabor de la soledad que me persigue
escribiré los versos hundidos del vientre
pensando en aquel café que tomaremos juntos

Caminaré por las avenidas grises de un París radiante
en búsqueda de aquella librería (española)
en búsqueda de aquel libro (agotado)
que nunca he de hallar

Tomaré un mate en el café argentino
del bulevar Saint-Germain
miraré hacia un lado hacia atrás quizás
y estaré de nuevo en mi Buenos Aires perdido
en mi Buenos Aires herido

Caminaré por las calles las plazas
las iglesias el río y lo demás
deteniendo la mirada y el zapato
en las casillas de mi vida
esbozada con la tiza de colores en la acera
y alcanzaré el cielo

Tomaré una copa de vino tinto y con un viejo tango
deslizada entre las sombras de un diván oscuro
me olvidaré la hora el lugar el tiempo
me olvidaré de ti que jamás estás

Caminaré por fin hasta la madrugada
escucharé mezclarse pájaros y estrellas
mi corazón colgado de tanto caminar
y tomaré un café el último del día

Silvia Goldman

Es poeta, docente e investigadora. Poemas y artículos académicos suyos han sido publicados en revistas literarias de Latinoamérica, Estados Unidos y Europa. Ha participado en diversas antologías como *Poeta en Nueva York: Poetas de tierra y luna* y *Árbol de Alejandra*. En el 2008 publicó su primer libro *Cinco movimientos del llanto* (Hermes Criollo).

En el 2016, la editorial Cardboardhouse Press publicó la selección de poemas *No-one Rises Indifferent to Sorrow*, traducida por Charlotte Whittle. Su segundo poemario, *De los peces la sed*, fue publicado en el 2018 por Pandora Lobo Estepario. Su poemario *Miedo* obtuvo un accésit en el Premio de Poesía FILLT 2020.

Asimismo, ha sido finalista del VI Premio Internacional de poesía "Pilar Fernández Labrador" y del Premio Internacional "Paralelo Cero 2020". Es doctora en Estudios Hispánicos por la Universidad de Brown y enseña en la Universidad de DePaul en Chicago.

SIN RETORNO

> *[…] a oscuras y en celada,/estando ya mi casa sosegada.*
> San Juan de Cruz (Noche oscura)

este verso no puede volver a casa
porque si lo hace se pueden romper los cajones puestos en él
este verso puede entrar en el pasillo y en la cocina
hacerse de un llanto que lo ponga de pie
este verso va a dedicarse a la noche y volverla aguda
como la palabra *humanidad*
¿es la ida al analista un lugar para analizar
la idea del analista
lo que deposita en nosotros
antes de la huida?
se pregunta este verso que piensa
en Yepes y no lo detiene
en las sensaciones tenemos piernas que están ahí
para esperarnos
a veces se arrodillan frente a una casa y es como rezar
a veces articulan una familia lejos de la superficie exacta
o cóncava de los platos y es el hogar
tenedores que tienen a la altura de las bocas de los comensales
una ocasión para el cambio
otras son una noche oscura que se espera
 no como impersonal
(alguien que no importa espera)
sino como reflexiva porque se espera a sí misma la noche

este verso habla de la noche
para hacerla un vaivén duro de carne
un pedazo de lo que no necesita o quiere lastimar
¿quién dijo por primera vez la noche y le puso una lámpara?
¿con qué sonidos le aviso eso a esa voz?
¿y ahora qué va a hacer él con toda la extensión de
la palabra *oscuridad*?
¿en qué hueco de la infancia va a poner sus rodillas para alzarse?

HANSEL Y GRETEL

a mi hermano Daniel

de los pretiles rotos de la infancia
al que más subíamos era aquel que conducía al camino
clavábamos nuestros pies en los pedales
y buscábamos el equilibrio
que nos llevara hasta una playa
pero justo ahí algo se trancaba
o se caía
y lo único que quedaba
era un hilo de sangre
que nos nacía en las rodillas
avanzaba con nosotros
conocía también el camino
porque había estado ahí
pero ese recuerdo era móvil
y no lo teníamos
lo que sí teníamos era el camino
nos seguía como un perro hambriento
nosotros le tirábamos
algo de esa sangre
no para que supiera volver
sino para deshacernos

NOCTURNO DEL HUECO

dame tu mano congelada
tu frío horizontal quebrándose
la puerta donde dejamos los conejos
dame tu mano congelada y tu leche rancia
tu leche rancia en tu mano congelada
no mejor no me la des
volvamos donde los conejos
tiremos la puerta
quebremos su paz
recordemos
cantemos
cantémosles a ellos
sobre ellos
trepados a su miedo
tapando nuestros miedos
pidámosles perdón
perdonemos
perdonémonos
¿me perdonás?
te perdono

yo me tomo tu sed dijiste un día
eras tan chiquito que en tus dientes había pesadillas
y ellas crecían
yo me tomo tu sed dijiste un día
mientras yo juntaba esos dientes y los llevaba de paseo

eran perros
yo los sujetaba, pero ellos mordían
hacían cavidades en mis mejillas y luego corrían
yo los seguía, pero solo llegaba a tocarles el ladrido
anotaba su sed
hasta que vos llegabas con el agua
pero en mi boca no había puertas
¿te referías a mi sed
a esa hambre de madre de la hija sin madre?
¿cuánto dura una madre?
¿cuánto dura una madre con hambre?
¿qué le pasa a la boca cuando le falta una madre?
¿se seca o se desplaza hacia su hambre?

Yo me tomo tu sed puede decirle un hijo a su madre
¿qué sed?
¿de quién la sed?
Como si mi leche no fuera suficiente
Como si mi leche no fuera
¿es mi leche?
¿es suficiente?
¿es mía?
¿la querés?
¿la tomás o te recordás tomándola?
¿cómo se llega a los bordes de la infancia?
¿qué bote, qué pies, qué tren nos desplazan?
¿qué luz qué voz qué animal se queda afuera
para que podamos habitarla?

Cuando me dijiste "mami, a veces la voz se va hunting"
fue tu forma de encontrar las palabras que yo buscaba en silencio
tu forma de decirme que ahora podía bajar los brazos
que solo estábamos vos y yo
tu voz y mi voz
sin la manada
que podíamos tirarnos abrazados
esperá, haceme un hueco en el nocturno de tu pecho
dame tu mano y
el agua en la que mueren los conejos
¿los oís?
¿los oís caer de espaldas en el agua?
¿oís el deseo de su huida hacia el bosque?
menos la huida, menos el bosque
solo ese ruido del agua en movimiento
y el hueco mudo en su elefante
como un niño en la lluvia todavía
y su hermosura suficiente para el tiempo
¿cuánto dura un niño?
¿cuánto dura un niño en un poema?
¿cuánto dura el niño que cae en el agua de este poema con hambre?

LO QUE SOY

papá dice que soy una yegua
"sos una yegua"
y cuando lo dice parece que le crecen como verdad los labios
"me moriré sacándome yeguas" digo yo
que soy n-yeguas
papá piensa que tiene razón
"tengo razón"
lo piensa con esos huevos llegados de la rabia que lleva en sus ojos
los míos son como los de mamá
en la cédula le pusieron "tez trigueña" y la que se armó
mamá parece que fue otra yegua
"era una yegua" dice
papá dice que si soy menos yegua es porque quiero algo
y la verdad es que es cierto
siempre que quiero algo me saco una yegua
espero que cuando sea vieja se me acaben las yeguas
pero las imagino volviendo
y a mí estirando las manos llenas de pasto

Sylvie Marie

Es una escritora de Bélgica de origen flamenco, autora de cuatro libros de poesía: *Zonder (Sin); Toen je me ten huwelijk vroeg (Cuando me pediste casarme contigo); Altijd een raam (Siempre una ventana)* y *Houdingen (Posiciones)*. En cuanto a la prosa, *Speler X (Jugador X)* se publicó en 2013, una novela sobre fútbol. Marie enseña cursos de escritura en las academias de arte de Gante, Tielt e Ypres y es editora de la revista literaria flamenca *Deus ex Machina*.

Los poemas de esta edición los tradujo Micaela van Muylem. Foto de Nadine Ancher.

Y DE REPENTE EL DESEO DE ENCONTRAR

y de repente el deseo de encontrar
a la persona que por primera vez trajo la mentira,
para persuadirla, aunque pronto
queda claro: la tarea es imposible.

es que así estamos hechos.

pongamos por caso los nudillos; si en las manitos
de bebés todavía nos brindan sonrisas ingenuas
con el tiempo palidecen,
perfilan puños.

será por eso que las madres
conservan las primeras uñitas cortadas,
son los paréntesis entre los que alguna vez
cupo un milagro.

MODELO

te dibujo, dije, y te situé
delante en una silla,
encendí la luz, arranqué
un pedazo de papel del cuaderno.

después de un rato tu pose
se depositó en la hoja, una sombra
alisada, una rebanada de ti.

que no me quedara conforme
te pareció gracioso. volvimos a empezar
y te dije: abre la boca
para que ahora pueda
acceder a tu corazón.

HACE DOS AÑOS

hace años llevas un huevo, y no debe
romperse. lo custodias, lo pones
a dormir en delgadas sábanas, lo besas. en sueños
a veces le susurras sobrenombres tiernos.

poseen un acuerdo, ustedes. tú tienes
que mantener la calma, el huevo no debe
moverse sin permiso. ya llevan bastante así.
todos sabemos del huevo.

hoy echaste el huevo en una bolsa al hombro.
todos cerramos los ojos. como imaginándonos
hechos polvo, sentimos con el huevo,
como el huevo.

RESISTENCIA

piénsame como un pedacito de papel
que te metes distraído en el bolsillo
después de escribir algo.

Aunque desearía que fuera una frase. una
para un futuro verso, en la que te quedas
pensando tiempo después de guardarme.

más adelante la sabrás de memoria. la frase emerge
como un mantra en tu mente. pero nunca
le encuentras el contexto: un poema preciso
que la sitúe, la enmarque, sobre todo, la amanse.

y cómo, pasado un tiempo, me vuelves a sacar
con una caricia y suspiras: y contigo ¿qué hago?

Tudor Cretu

Escribe poesía, narrativa, crítica literaria y periodismo. Su libro de debut fue la colección de cuentos *Dantelăriile Adelei* (*Los encajes de Adela*), 2001. Le siguieron los libros de poemas *Obiecte oranj* (*Objetos naranja*), 2005; *Fragmente continue: Poeme live* (*Fragmentos continuos. Poemas live*), 2014 (premio al Mejor Libro de Poemas del Año de la Unión de Escritores de Rumanía, filial Timisoara), y la antología *Studio live,* 2015. En 2008 publicó su primera novela, *Omul negru* (*El hombre negro*), y en 2013, la segunda, *Casete martor* (*Cintas testigo*) (premio Ioan Slavici de la Unión de Escritores de Rumania, filial Timişoara). Su más reciente novela es *Casete cu martori II* (*Cintas testigo II*), 2015.

Es director de la Biblioteca Provincial Timiş y organizador de eventos culturales como La Manta que Lee, Concéntrica, Lecturas Encendidas y, sobre todo, el innovador Festival Internacional LitVest.

Los poemas de esta edición los tradujo Corina Oproae.

sacudir como una señora la colilla
pegada a mis dedos
I forgot all about last night
y caminar decidido
el pasado es la salida de esta tienda negra destensada
la vida blanquea los canales interiores
la carne avinagrada
lo hervido y resbaladizo
deben ser enterrados en un palmo de nieve
justo aquí en el patio

(la música se oye más fuerte)

yo no vivo yo muero y me apago
dentro del tubo transparente cerrado como la mina del bolígrafo
la muerte viene también se abreva por aquí
de esta palangana con agua amarillenta por la lluvia
es la mula con espinas de acacias por bigote
calla debajo de sus cabellos grises
y se pierde entre las malas hierbas

(el mar
y en medio una fuente)

qué será cómo será
después de sentir en tu sien la presión redonda
después de que el cerebro explote como en la televisión
una cúpula minada por dentro

y luego el vacío
los rastros enterrados
el retorno
a los pies azulados del trono
el mundo pintura sobre nailon
sobre bandera de señal ferroviaria

unas inauguraciones sucesivas de bustos
estos velos
el cielo

atraviésalos como una aguja de tejer

acerca tu silla y mira la boca del túnel
y el toro brotará
es el país donde
ovillos negros de hilo
se colocan en la balanza
y el dios del contraste
entre la barba negra
y la piel muy blanca
la hechura envuelta en trapos grises entra en el cuarto
(te resitúas te defiendes como una araña)

escribes y es como si (lo) cogieras con la mano
y (lo) arrojaras al mar
barres también el suelo de debajo de tus pies
e incluso lo afeitas un poco con la navaja
lo blanqueas
así librarás tu mente
como la isla de pascuas de estatuas

echa la soga alrededor de las sombras también
la noche es el golpe de la sien
contra estufas ardientes
epifanía

una extensión de coliflores ensangrentadas
de cerebros palpitantes dentro de la masa

el abuelo y la abuela
los muertos de la familia colgando en orden
como las persianas
de algo igual de blanco
el depósito es casi industrial
(el aire enrarecido y el silencio
son realmente celestiales)
no hay nada que hacer
se tocan el pecho con la barbilla
y cuelgan así tiesos

mira madre lo ve
la carne se arruga
el abuelo se parece a un pescado ahumado

los ángeles trabajan en la pastelería
bandejas y platillos
y el frío que tan bien les sienta

el gajo de naranja en el pelo
la herida es floral
los ángeles son la anemia misma
los tuberculosos altos
de melena suelta
los enamorados del drama del diente de león

su presencia en el mundo
es
el plus que una alianza en el dedo
añade a un puñetazo

Violette Abou Jalad

Poeta de Líbano. Estudió filosofía y teología y participó en varios encuentros y convenciones culturales en países árabes, tales como Ammán, Bagdad, Túnez y Argelia y en París, Francia.

Entre sus colecciones de poemas destacan *Cazador de sueños, Última violeta, Solo personas, Compañía de locos, No hay vida en esto;* Próximamente, la editorial Lanskine publicará una nueva antología en francés *Sospecha*.

Los poemas de esta edición los tradujo Maribel Roldán.

1

Cómo escribir sobre el amor
¡nosotros que hemos perdido nuestros miembros
en pequeñas guerras!
nosotros que dejamos que los fantasmas
se diviertan en nuestras habitaciones oscuras
y fingimos dormir al encuentro con los compañeros de la ausencia
Cómo ir hacia el amor con nuestros pies pequeños
nosotros que nos congelamos mucho tiempo detrás de las ventanas
que golpean una puerta destartalada aferrados
Cómo degustar serenamente
la miel de todos estos poetas
nosotros hijos de una lengua amarga
surcados de cicatrices enterradas
hasta el final de la muerte.

2

Sin la poesía
nuestras garras se guardarían para batallas más feroces
para hojear gracia a la imaginación
como peregrinos, estamos entronizados sobre las brasas
ascetas del conocimiento precoz
y el dolor tardío, preludio de la desesperación
Ya no escribo sobre el amor:
el hombre al que precedí en su guerra
murió en los brazos de otra
muerto en su correo asegurado.
Muerte repetida como corresponde a la poesía o la retórica.
cómplice de bandidos, bárbaros y parias
¡mi cabeza!
mi cabeza que perdoné por un amor más feroz
abre cada tarde su soledad
con una canción ligera
y una noche espesa.

3

Yo vestía mucho de rojo,
mi sangre estaba desnuda
mi herida estaba expuesta.
El toro alado bailaba, encantado por mi muerte,
las fábulas eran mi atuendo.
Yo era un ser burlón con cabeza de mujer y cuerpo de barco,
entonces me hundí sin que una ola me reconociera.
Ningún hombre hubiera llorado por mí.

4

No robes dinero de los bolsillos de los lectores
si escribo sobre los merodeadores al final de la noche.
No pesques peces de las profundidades del texto.
si en alguna ocasión menciono pescadores.
No hagas sonar la sentencia de muerte
usando un fantasma que sucumba a la tentación.
No te acerques a mí si evoco mi soledad.
No tapes lo que queda de verdades,
en la pérdida se anida el genio de las apariciones,
porque sobre la roca de estas quimeras fundé mi vida.
Yo que soy los merodeadores, los pecadores y los fantasmas,
no me mates cada vez que aparezca frente a ti.

Xavier Oquendo Troncoso

Nació en Ecuador en 1972. Periodista y Magíster en Escritura Creativa por la Universidad de Salamanca. Profesor de Letras y Literatura. Ha publicado los libros de poesía: *Guionizando poematográficamente* (1993), *Detrás de la vereda de los autos* (1994), *Calendariamente poesía* (1995), *El (An)verso de las esquinas* (1996), *Después de la caza* (1998), *La Conquista del Agua* (2001), *Esto fuimos en la felicidad* (Quito, 2009, 2da. Ed. México, 2018), *Solos* (2011, 2da. Ed. traducido al italiano por Alessio Brandolini. Roma, 2015), *Lo que aire es* (Colombia, Buenos Aires, Granada, 2014), *Manual para el que espera* (2015) y *Compañías limitadas* (2020) y los libros recopilatorios de su obra poética: *Salvados del naufragio* (poesía 1990-2005), *Alforja de caza* (México, 2012), *Piel de náufrago* (Bogotá, 2012), *Mar inconcluso* (México, 2014), *Últimos cuadernos* (Guadalajara, 2015), *El fuego azul de los inviernos* (1era. Ed. Virtual, Italia, 2016 – 2da. Ed. Aumentada, Nueva York, 2019), *Los poemas que me aman* (antología personal traducida íntegramente al inglés por Gordon McNeer -Valparaíso USA, 2016- y por Emilio Coco al italiano -Roma, 2018-), *El cántaro con sed* (traducido al portugués por Javier Frías, Amargord Ediciones, Madrid, 2017) y *Todo mar es inconcluso* (Bolivia, 2019); un libro de cuentos: *Desterrado de palabra* (2000); las novelas infantiles *El mar se llama Julia* (2002, con muchas reimpresiones y ediciones a partir de su aparición) y *Migol* (2019), así como las antologías: *Ciudad en Verso, Antología de nuevos poetas ecuatorianos* (Quito, 2002); *Antología de la poesía ecuatoriana contemporánea* –De César Dávila Andrade a nuestros días- (México, 2011), *Poetas ecuatorianos -20 del XX-* (México, 2012).

MI ABUELO Y MI ABUELA

Mi abuelo y mi abuela
tenían un caminar maduro.
Ella, pausada en el galope;
él, acelerado y discurrido.

Caminaban, mirando la última huella
que había dejado el animal de turno.
Ella seguía el paso del hombre
como una secuencia natural.

El río de mi abuelo
y de mi abuela
no se parece al Guadalquivir
ni al Guayas.
Es un río de piedra que desciende
sobre las sendas
que faltan por conocer
y adentrarse.

Mi abuela nada tiene que ver
con la abuela de Perencejo.
Perencejo no tiene esos senderos
ni ese paso seguro y lento.
El abuelo de Fulano
no conoce el camino que mi abuelo guarda

en el bolsillo:
sendero extraviado
entre la menta y el "King" sin filtro
que olían sus pantalones.

Mi abuelo se parece a los astros.
Mi abuela es un astro.
Mi abuelo se parece a mi abuela
y los dos a las estrellas.

Nada tienen del Guayas ni del Guadalquivir.
Ni de los viejos Fulano y Perencejo.
Los miramos
a través de las radiografías de sus huellas.
Miramos sus sendas como esfinges
que heredamos para practicar la fe.
Nada tienen que ver con mis zapatos torcidos.

Caminaron, los dos, el valle hasta la muerte.
Son un río que esconde a las aguas
debajo de las piedras.

ANTES DE LA CAZA

A mi padre

Quiero encontrar el lugar
donde ubicarme.
Entro en la vecindad
de voces que me dicen:
      ve a buscarte lejos,
          en los andenes de las penas,
      ve a ponerte en fila con los astros;
          deja el poema un rato,
          y reconoce los olmos.
          Piensa que ya estorbas y no sirves,
              que de grande uno se trastoca
                  y se consume.

Mamá ya no prepara bien las cenas,
no hay comida hasta después del día.

Ve a buscar el círculo vicioso
que pueda hacerte hombre
en el insomnio de los días.

      Vete y no vuelvas
          hasta después de la caza.

EL HEREDERO

Haremos un hijo entre las cumbres.
Hijo será
del cóndor,
     del huracán
   y de las aguas.

Quien se atreva a subir
desde los ríos a la altura
y lo encuentre amamantándose
con leche de las nubes,
optará por ser su amigo,
        su hermano,
al menos, conocido.

Haremos un hijo de varias mujeres
que estrenen placentas en cumbres rosadas,
cuando el atardecer sea el padre del monte
y el sol se vuelva hijo del mundo.

CHICOS COCODRILO

> *Nunca hemos sido los guapos del barrio,*
> *siempre hemos sido una cosa normal*
> David Summers

Y llegamos a tener un automóvil. No era un descapotable como el soñado en una noche mojada. Era un modelo en blanco y negro. Lo pintamos con su propio brillo.

Desde el retrovisor de nuestras ansias vimos el mundo. Éramos James Dean en nuestro mito: nos peinábamos con brillante brillantina a ver si las mujeres nos amaban.

Pero el automóvil no fue suficiente. Había que encontrar ese aire que nos mueva los cabellos engominados. Ese halo de niebla que nos pase por la frente y que nos haga saber que no éramos tan guapos, que no éramos dechados de virtudes. Que solo éramos nómades del pueblo hebreo y que, antes de encontrar la tierra nuestra, debíamos hallar a la mujer a la que invitáramos a nuestro automóvil, mientras el cielo nos encapota con sus lluvias.

Yolanda Castaño

Poeta, editora y gestora cultural *freelance* con 25 años de desempeño. Fundadora de su propia Residencia para Escritores/as, dirige festivales, ciclos de lecturas y talleres de traducción poética, siempre con poetas gallegos e internacionales. Sus seis poemarios –en edición bilingüe en Visor– le han valido galardones como el de la Crítica Española, el de las Librerías de Galicia a la "Autora del Año", el Ojo Crítico o el de Finalista del Nacional de Poesía. Completan su bibliografía varias antologías personales (en gallego-castellano, con música, en 'cómic poético' etc), *plaquettes* en seis idiomas, títulos en italiano, francés, inglés, serbio, macedonio y armenio, obras como editora o traductora y seis poemarios infantiles. Pionera y premiada fusionadora de poesía con otras artes, y distinguida con becas de creación en residencia en Rodas (Grecia), Múnich, Beijing y Escocia, ha mostrado su obra por Europa, América, Asia y África.

LISTEN AND REPEAT: un pájaro, una barba

Todo el cielo está en cuclillas. Una sed intransitiva.

Hablar en una lengua ajena
se parece a vestir ropa prestada.

Helga confunde los significados de país y paisaje.
(¿Qué clase de persona serías en otro idioma?)

Tú, me haces notar que, a veces,
este instrumento mío de cuerda
vocal
desafina.

En el patio de luces del lenguaje,
se me engancha la prosodia
en el vestido.

Te contaré algo sobre mis problemas con la lengua:
hay cosas que no puedo pronunciar.

Como cuando te veo sentado y sólo veo
una silla –
ceci n'est pas une chaise.
Una cámara oscura proyecta en el hemisferio.

Pronunciar: si el poema es

un exorcismo, un cambio de agregación; algún humor
solidifica para abandonarnos.

Así es la fonación, la entalpía.

Pero tienes toda la razón:
mi vocalismo deja
mucho que desear.

(Si dejo de mirar tus dientes
no voy a entender nada de lo que hables).

El cielo se hace pequeño. Helga sonríe en cursiva.

Y yo aprendo a diferenciar entre una barba y un pájaro
más allá de que levante el vuelo
si trato de cogerla
entre las manos.

METROFOBIA

Al fondo del paisaje, la lluvia
difumina las nubes con un borrón.
Esta hoja de ruta milita en la juglaresca.

Ya tengo ganas de partir y mi coche es un soldado.
¿No vas oyendo silbar a su cargamento sensible?
Las carreteras comarcales parecen
cuadernos pautados.
Me gustaría surcar los montes con un poema a cuestas
                              como los viajantes.
Mi coche es una bala plateada con
ritmo en vez de pólvora, y le digo: "¡Vamos!".
Juntos atravesamos valles, barrios de funcionarios,
las grandes explotaciones eólicas
me dan ganas de luchar contra los gigantes.
Mi coche y yo nos entendemos sin decirnos nada.

Flores blancas del ibuprofeno,
mi coche es un soldado
y yo le digo: "¡Vamos a recitar poemas
a Monforte de Lemos!",
y él
acompasa su motor a mi registro,
repica,
tintinea
aunque tenga
metrofobia.

HISTORIA DE LA TRANSFORMACIÓN

Fue primero un trastorno
una lesiva abstinencia de niña éramos pobres y no tenía ni aquello
raquítica de mí depauperada antes de yo amargor carente una
parábola de complejos un síndrome un fantasma
(Aciago a partes iguales echarlo en falta o lamentarlo)
Arrecife de sombra que rompe mis collares.
Fue primero una branquia evasiva que
no me quiso hacer feliz tocándome con su soplo
soy la cara más común del patio del colegio
el rostro insustancial que nada en nada siembra
lo tienes o no lo tienes renuncia acostúmbrate traga eso
cuervos toldando nubes una condena de frío eterno
una paciente galerna una privada privación
(niña de colegio de monjas que fui salen todas
anoréxicas o lesbianas la
letra entra con sangre en los codos en las cabezas en las
conciencias o en los coños).
Cerré los ojos y empecé a desear con todas mis fuerzas
lograr de una vez por todas convertirme en la que era.

Pero la belleza corrompe. La belleza corrompe.
Arrecife de sombra que gasta mis collares.
Vence la madrugada y la garganta contiene un presagio.
¡Pobre bobita!, te obsesionaste con cubrir con cruces en vez de
con su contenido.
Fue un lento y vertiginoso brotar de flores en inverno

Los ríos saltaban hacia atrás y se resolvían en cataratas rosas
lamparillas y caracoles me nacieron en los cabellos
La sonrisa de mis pechos dio combustible a los aeroplanos.
La belleza corrompe
La belleza corrompe
La tersura de mi vientre escoltaba a la primavera
se desbordaron las caracolas en mis manos tan menudas
mi más alto halago pellizcó mi ventrículo
y ya no supe qué hacer con tanta luz en tanta sombra.

Me dijeron: "tu propia arma será tu propio castigo"
me escupieron en la cara todas mis propias virtudes en este
club no admitimos a chicas con los labios pintados de rojo
un maremoto sucio una usura de perversión que
no puede tener que ver con mi máscara de pestañas los
ratones subieron a mi cuarto ensuciaron los cajones de ropa blanca
litros de ferralla alquitrán acecho a escondidas litros
de control litros de difamadores kilos de suspicacias levantadas
sólo con la tensión del arco de mis cejas deberían maniatarte
adjudicarte una estampa gris y borrarte los trazos con ácido
¿renunciar a ser yo para ser una escritora?
demonizaron lo gentil y lo esbelto de mi cuello y el
modo en que nace el cabello en la parte baja de mi nuca en este
club no admiten a chicas que anden tan bien arregladas
Desconfiamos del verano
La belleza corrompe.
Mira bien si te compensa todo esto.

MANZANAS DEL JARDÍN DE TOLSTOI

Yo,
que bordeé en automóvil las orillas del Neretva,
que apuré en bicicleta las calles húmedas de Copenhague.
Yo que medí con mis brazos los boquetes de Sarajevo,
que atravesé, al volante, la frontera de Eslovenia
y sobrevolé en avioneta la ría de Betanzos.
Yo que partí en un ferry que arribaba a las costas de Irlanda,
y a la isla de Ometepe en el Lago Cocibolca;
yo que nunca olvidaré aquella tienda en Budapest,
ni los campos de algodón en la provincia de Tesalia,
ni una noche en un hotel a los 17 años en Niza.
Mi memoria va a mojar los pies a la playa de Jurmala en Letonia
y en la sexta avenida se siente como en casa.
Yo,
que pude morir una vez viajando en un taxi en Lima,
que atravesé el amarillo de los campos brillantes de Pakruojis
y crucé la misma calle que Margarett Mitchell en Atlanta.
Mis pasos pisaron las arenas rosadas de Elafonisi,
cruzaron una esquina en Brooklyn, el puente Carlos, Lavalle.
Yo que atravesé desierto para ir hasta Essaouira,
que me deslicé en tirolina desde las cumbres del Mombacho,
que no olvidaré la noche que dormí en plena calle en Ámsterdam,
ni el Monasterio de Ostrog, ni las piedras de Meteora.
Yo que pronuncié un nombre en el medio de una plaza en Gante,
que surqué una vez el Bósforo vestida de promesas,
que nunca volví a ser la misma después de aquella tarde en Auschwitz.

Yo,

que conduje hacia el este hasta cerca de Podgorica,

que recorrí en motonieve el glaciar de Vatnajökull,

yo que nunca me sentí tan sola como en la rue de Sant Denis,

que jamás probaré uvas como las uvas de Corinto.

Yo, que un día recogí

   manzanas del jardín de Tolstoi,

quiero volver a casa:

el escondite

que prefiero

de A Coruña

justo en ti.

Yolany Martínez

Poeta hondureña. Ha publicado los libros de poesía *Fermentado en mi piel* (2006), *Este sol que respiro* (2011), *Espejos de arena* (2013) y *Lo que no cabe en las palabras* (2020). Es egresada en la Enseñanza del Inglés por la Universidad Pedagógica Nacional Francisco Morazán y en las áreas de Literatura y Lingüística por la Universidad Nacional Autónoma de Honduras. Culminó sus estudios de Maestría y Doctorado en Literatura y Cultura Hispánica en la Universidad de Oklahoma, EEUU. En el campo docente, Yolany Martínez se ha desempeñado como catedrática de lenguas en diferentes universidades de Honduras y de Estados Unidos.

En el año 2019 un jurado internacional se reunió en la ciudad de Gracias, Lempira, Honduras y le otorgó a esta poeta el Premio Nacional de Poesía Los Confines por su libro *Lo que no cabe en las palabras*.

MADRE

me golpea esta despedida.
La nube en los ojos
contenida de puro orgullo.
La sombrilla cubriendo sus hombros
pero no el temblor de las piernas
que se alejan en perspectiva.
Yo anclada en este lado del frío.
De pronto la lluvia.

Todo parece reducirse a la física
a la inmediata lejanía.
Sin embargo
su silueta se ha implantado
en el iris de este mar que viene de todos lados.

He podido fingir el rumor de río
con un aclarar de garganta
pero el fuego es extremo en el pecho
y todos mis miembros acuden a cubrirlo.
No me doy cuenta
que ahora ardo en una constante llama.

Hay un grito imposible.
Se expande lo que está destinado a ser breve.
Los cuerpos se resisten
y los brazos no obedecen.

La voz acuchillada en la garganta
está resuelta
a no pronunciar
esa frase
que nunca he querido
que siempre he repugnado a propósito.

Madre
Me golpea esta forma de no estar
de no abrazar lo que me pertenece.
Ahora todo parece irse desvaneciendo...
-Su silueta ya ha doblado la esquina.
La nube en los ojos...

MI HISTORIA

Más allá del umbral
de una puerta que no se ve,
está mi retrato.

Tengo una inmensa espera
en las espaldas
y una danza dormida en la cintura.

El istmo que une
el norte de mi piel
parece sumergirse en crisis.

El sonido le corroe
el alma al piano,
mientras un huracán . . .
borra mi historia.

XIII

Dentro de la CASA
llaves y objetos cobran vida. Los AFECTOS.
Yo afuera, en un reflejo del vidrio de la ventana.
Lágrimas de mi hija
robando un paso. Deteniendo el SiLeNcIo. Mis ojos
no se atreven a decirle la partida.
Los suyos incansables
me buscan.
Después de tantos rodeos a mí misma,
vacío lo que me
queda en sus
manos pequeñas. Las SELLO
con la estampa gastada de mis labios. Hoy no me he ido,
más bien, me he quedado para siempre.

Dejaré caer la noche
sobre mis hombros desnudos
la cita a ciegas.
Dejaré tu olor
esparcido en la arena
como granos de cristal amorfo
bajo la intemperie
de este océano.

Nada se ha perdido en este asunto.
El orgullo
sin embargo
es la suma de tropiezos invisibles
de golpes en la cara que nos dan ciertas palabras
hasta que uno crece en sí mismo
y convierte la dureza de ciertas voces
en fósiles sin nombre
–que sólo sirven para efectos
de una arqueología personal–.

Dejaré caer la noche
sobre mis hombros desnudos
para que los vista de estrellas una mano nocturna
y extinga sin temores
los símbolos oscuros
que componen este cuerpo
fosilizado de palabras.

Índice

El libro de un festival	5
Ahmed Al-Mulla	9
LO QUE ESTOY BUSCANDO	10
TÚ FUISTE UN PEZ	11
UNA ESTATUA ENTERRADA	13
TÓMATE TU TIEMPO (TAKE YOUR TIME)	14
Alejandra Solórzano	15
LAS AVES NO SE SUICIDAN	16
PARA CURAR	18
Sobre un puñado de ceniza	20
Una semilla con alas	21
Alfonso Fajardo	23
ENTROPÍA	24
VIGILIA	25
CARAVANA DE SOMBRAS	26
SUEÑO Y PESADILLA	28
Berman Bans	30
EFEMÉRIDES	31
ANAMNESIS	33
AUTORRETRATO MAR ADENTRO	35
CONTRADANZA	37
Brane Mozetic	38
Soñé que habías muerto	39
me despierto. un chillido desgarrador de cerdo	40
¿lo oyes, Dave? hay ruidos fuera. tal vez	41
los aviones eran mágicos. los reactores	42
Claus Ankersen	43
CANCIÓN DE SÍSIFO	44
LOS POBRES	45
EN LA NIEBLA	46
PINTOR	48

Diana Araujo Pereira 50
   *** 51
   *** 52
   I 53
   IV 54
Edda Armas 56
   ESQUELETOS 57
   SIN AVISO 58
   CUENCO SAGRADO 59
   VOLVÍAN LAS LLUVIAS 60
Ellen M. Taylor 61
   MEMORIA MUSCULAR 62
   TRANSITORIEDAD 63
   DE NUEVO, LAS MUJERES CUENTAN SUS HISTORIAS 64
   EL PECADO DE LA CURIOSIDAD 65
Emilio Coco 66
   ÉRAMOS TRES PEQUEÑOS HERMANOS 68
   LAS ÚNICAS PALABRAS 70
   No le damos espacio. Nos cerramos 71
   Vuelva pronto el verano 72
Fabio Castillo 74
   EL NACIMIENTO DEL AGUA 75
   CÓMO ENTIENDE UN NIÑO LA GUERRA 76
   EN UN DÍA DE LLUVIA 78
   BALADA PARA CHET BAKER MINUTOS ANTES DE SU PRÓXIMA JERINGA 79
Fabricio Estrada 81
   Cuando solo te creía el viento eras el pájaro de la tarde 82
   El sur queda a la izquierda, 84
   Carmen industrial para Rodríguez. 85
   IGUAL DE VERDE ERA EL VERANO 87
Francesca Randazzo Eisemann 88
   Escarbar con los ojos 89
   Camino ciudades 90
   Presiento 91
   Durante unos segundos 92

Françoise Roy — 93
    LA MANERA DE LLORAR DE LOS REPTILES — 95
    LIBRO DE HORAS SOBRE PAPEL ARROZ — 96
    LA BANDERA BLANCA — 98
    HERODOTO EN GUIZHOU — 99
Gabriel Chávez Casasola — 100
    TATUAJES — 101
    EL PIE DE EURÍDICE — 103
    PATIOS — 105
    PROMESA — 106
Grazyna Wojcieszko — 108
    SUEÑO DEL TRANVÍA — 109
    CIERVOS — 110
    ENCUENTRO — 111
    PIEL DE UNA RUBIA — 112
Héctor Hernández Montecinos — 113
    NIEBLA, 19 DE JUNIO DE 2007 — 114
    VICUÑA, 27 DE MARZO DE 2008 — 116
    SANTIAGO, 30 DE OCTUBRE DE 2008 — 118
    TEGUCIGALPA, 15 DE MAYO, 2010 — 120
Héctor Ñaupari — 123
    IX — 124
    XIII — 126
    SHEREZADE — 127
    NO ME DIGAS QUE LAS NOCHES... — 129
Inger-Mari Aikio — 131
    CIEN — 132
    PROEZA — 133
    A CONTRAPELO — 134
    JAGUAR — 135
Juan Manuel Roca — 136
    POÉTICA — 138
    CONFESIÓN DEL ANTIHÉROE — 139
    BIBLIOTECA DE CIEGOS — 140
    BIOGRAFÍA DE NADIE — 141

Keijiro Suga — 142
    COLIBRÍ — 143
    PINGÜINO — 144
    CABALLO — 145
    CAMINANDO COMO UNA ORACIÓN — 146
Kris Vallejo — 147
    LA MUERTE DE UNA ROCA — 148
    HOTEL DE TERCIOPELO — 149
    SERÉ OLVIDADA — 150
    RÉQUIEM — 151
León Félix Batista — 152
    MÚSICA ÓSEA (Fragmentos) — 153
Lucy Cristina Chau — 157
    EL ALTAR — 158
    LA NEGRA — 160
    ADIOSES A LAS DIOSAS — 161
    BIOGRAFÍA — 162
Luis Alberto Ambroggio — 164
    SALVAJE — 165
    MATRIZ DE LAS SOMBRAS — 167
    PAISAJES DE ESTADOS UNIDOS — 168
    La profecía del mar — 169
Luís Filipe Sarmento — 171
    1 — 172
    2 — 173
    3 — 174
    SOY UN HOMBRE HECHO DE MUJERES EN VERSO — 175
Marisa Russo — 176
    DIATRIBA CONTRA UN MÚSICO — 177
    EL GUANACASTE Y LOS SABIOS — 178
    MADISON SQUARE PARK — 179
    MARLENE DIETRICH — 180

Marko Pogačar	181
UN HOMBRE CENA CON LAS ZAPATILLAS DE SU PADRE PUESTAS	182
PLAZA DE SAN MARCOS	183
ES HERMOSO	184
DESPUÉS DE LOS OBJETOS	186
Martín Cálix	188
8	189
9	190
14	191
15	192
Melissa Merlo	193
ÁNGEL DE LA NOCHE	194
IMPRONUNCIABLE	195
XI	196
XVII	197
Milena Ercolani	198
SINCERAMENTE NOSOTROS	199
8VO POEMA: A LAS 9:20 P.M.	200
COMO CUANDO TE AMAMANTABA	201
EL CANTO DE LA CRISÁLIDA	202
Natasha Sardzoska	204
EN LA MISMA LÍNEA	205
PIEL	206
ÁRBOL DE INVIERNO	207
DIAMANTES	208
Nigar Hasan-Zadeh	209
Delirio sin sentido (fragmentos) 1	210
2	211
5	213
8	215
Osvaldo Sauma	217
INFORME DE LABORES	218
LA RESILIENCIA DEL INSOMNIO	219
A SOLAS EN CASA	220
CAUTIVO DE SÍ MISMO	221

Rafael Soler 222
    DISCURSO DEL REGRESO A SOLAS 223
    METABOLISMO BASAL DE UN EDIFICIO
    ADOLESCENTE 225
    MANUAL DE CAZA 226
    UN POCO MÁS DE ELLA 227
René Morales 228
    EL GUARDAGUJAS 229
    LA VIDA FELIZ 230
    ** 231
    1994 232
Rommel Martínez 233
    PARÁBOLA 234
    ÚLTIMO VIAJE (Fragmentos) 235
Samantha Barendson 240
    I 241
    II 243
    III 245
    IV 246
Silvia Goldman 249
    SIN RETORNO 250
    HANSEL Y GRETEL 252
    NOCTURNO DEL HUECO 253
    LO QUE SOY 256
Sylvie Marie 257
    Y DE REPENTE EL DESEO DE ENCONTRAR 258
    MODELO 259
    HACE DOS AÑOS 260
    RESISTENCIA 261
Tudor Cretu 262
    sacudir como una señora la colilla 263
    acerca tu silla y mira la boca del túnel 265
    el abuelo y la abuela 266
    los ángeles trabajan en la pastelería 267

Violette Abou Jalad — 268
    1 — 269
    2 — 270
    3 — 271
    4 — 272
Xavier Oquendo Troncoso — 273
    MI ABUELO Y MI ABUELA — 275
    ANTES DE LA CAZA — 277
    EL HEREDERO — 278
    CHICOS COCODRILO — 279
Yolanda Castaño — 280
    LISTEN AND REPEAT: un pájaro, una barba — 281
    METROFOBIA — 283
    HISTORIA DE LA TRANSFORMACIÓN — 284
    MANZANAS DEL JARDÍN DE TOLSTOI — 286
Yolany Martínez — 288
    MADRE — 289
    MI HISTORIA — 291
    XIII — 292
    Dejaré caer la noche — 293
Índice — 295

Impreso en Estados Unidos
para Casasola LLC
Primera Edición
MMXXI ©

www.ingramcontent.com/pod-product-compliance
Lightning Source LLC
Chambersburg PA
CBHW031759220426
43662CB00007B/464